KISWAHILI FOR BEGINNERS

Y.M. KIHORE

DUP (1996) LTD

DUP (1996) LTD.
P.O. Box 35182
Dar es Salaam
TANZANIA

© Y.M Kihore, 1995

2nd Edition, 2000

ISBN 9976 60 258 8

All rights reserved. No part of this publication may be reproduced in any form without permission in writing from DUP (1996) Ltd.

CONTENTS

Introduction v

Sounds Guide vii

Useful Terms ix

Lesson 1: Maamkizi *(Greetings)* 1

Lesson 2: Kujulishana *(Making Introduction)* 6

Lesson 3: Kuingia kwa Mtu Mwingine *(At Another Person's Place/Home)* 9

Lesson 4: Unafanya Nini? *(What Are You Doing) (Introducing Basic Verbal Constructions)* 12

Lesson 5: Mazungumzo (Conversation) *(Introducing "Object" Category)* 22

Lesson 6: Nyumbani *(At Home) (Introducing Nouns)* 28

Lesson 7: Shuleni *(At School) (Introducing the Demonstratives)* 43

Lesson 8: Maelekezo *(Instructions/Directions)* *(Introducing the "Locative" Copulars)* 52

Appendix I: English Language Translation of Main Conversation Patterns 63

Appendix II: Kiswahili-English Vocabulary List 71

CONTENTS

Introduction v
Sounds Guide vii
Useful Terms ix

Lesson 1: Maamkizi *(Greetings)* 1
Lesson 2: Kujulishana *(Making Introduction)* 6
Lesson 3: Kuingia kwa Mtu Mwingine *(At Another Person's Place/Home)* 9
Lesson 4: Unafanya Nini? *(What Are You Doing) (Introducing Basic Verbal Constructions)* 12
Lesson 5: Mazungumzo (Conversation) *(Introducing "Object" Category)* 22
Lesson 6: Nyumbani *(At Home) (Introducing Nouns)* 28
Lesson 7: Shuleni *(At School) (Introducing the Demonstratives)* 43
Lesson 8: Maelekezo *(Instructions/Directions)* *(Introducing the "Locative" Copulars)* 52

Appendix I: English Language Translation of Main Conversation Patterns 63
Appendix II: Kiswahili-English Vocabulary List 71

INTRODUCTION

The Kiswahili language you are about to learn is originally the language of the East African Coast. At the coast, various mutually intelligible local languages, generally referred to as "Kiswahili dialects", are spoken. The language you will be learning is known as "standard Kiswahili". This is, basically, a widely spoken and officially recognized dialect. Standard Kiswahili is based on Kiunguja, the dialect of Zanzibar, which spread deep inland with the early trade and missionary activities.

Kiswahili is the national language of Tanzania and Kenya. It is also among the major languages spoken in Uganda and Democratic Republic of Congo. This language is spoken by about one-hundred million people in East, Central and Southern Africa. The language is, further, broadcast by many major world broadcasting stations and taught in many institutions of higher learning.

Kiswahili belongs to Bantu group of languages which are spoken in East, Central and Southern Africa. These languages have, as their unique characteristics, nominal classification systems and agglutinative structural forms. Nominal classification is, basically, the categorisation of nouns in the language according to the initial prefixes of their singular and plural forms. For example, the nouns **m-tu** 'person' and **wa-tu** 'persons' which have **M-/WA-** prefixes are taken to belong to **M-/WA-**class together with many other nouns having such forms. Such noun-classes also tend to coincide with certain semantic connotations. For example, the noun-class just mentioned, generally accommodates "autonomous living beings." The agglutinative structure, on the other hand, involves various category representations in a single unit such as the following:

a-me-m-piga "she/he has beaten her/him."

Here, the verb form **piga** 'beat'/ 'hit' co-occurs with the prefixes representing "subject", "tense" and "object" in that order. Also, the verb forms in these languages may appear as a root and one or more suffixes, for example **piga-an-a** 'fight (each other)', **pig-an-ish-a** 'cause to fight', etc.

The stem **Swahili** normally operates with various prefixes to refer to different things or concepts. For example, when it occurs with **ki** - prefix it refers to the language. And, a Kiswahili reference to all other languages bears this prefix, for example **Kiingereza** 'English language'. **Kifaransa** 'French', **Kiarabu** 'Arabic', etc. This stem may also operate with prefixes **m-**, **wa-** and **u-** to refer to "a Swahili person", "Swahili people" and "Swahili culture", respectively.

The lessons in this book are graded, that is to say, they start with simple grammatical formations and gradually introduce complex structural details. All Kiswahili words in the lessons should be read as they appear. The sounds should be pronounced as suggested in the Kiswahili sounds guide appearing in the following page.

KISWAHILI SOUNDS GUIDE

	Character	Example	Equivalent sound in English language
A. Vowels	a	**apa** 'take oath'	*a in "father"*
	e	**tembea** 'walk'	*e in "self"*
	i	**ita** 'call'	*i in "pin"*
	o	**ona** 'see'	*o in "off"*
	u	**ua** 'flower'	*u in "put"*
B. Consonants	b	**baba** 'father'	*b in "bad"*
	p	**pata** 'get'	*p in "pet"*
	f	**futa** 'rub'	*f in "fair"*
	v	**vuta** 'pull'	*v in "vote"*
	t	**taka** 'want'	*t in "time"*
	d	**doa** 'spot'	*d in "day"*
	th	**thamani** 'value'	*th in "thing"*
	dh	**dhahabu** 'gold'	*th in "then"*
	ch	**cheka** 'laugh'	*ch in "chin"*
	j	**jaza** 'fill'	*j in "jar"*
	n	**nani** 'who'	*n in "name"*
	m	**mama** 'mother'	*m in "mother"*
	ny	**nyama** 'meat'	*ny in "canyon"*
	ng'	**ng'ombe** 'cow'	*ng in "king"*
	ng	**ngamia** 'camel'	*ng in "language"*

Character	Example	Equivalent sound in English language
s	**sema** 'say'	*s in "say"*
sh	**shona** 'sew'	*sh in "sheet"*
z	**zama** 'sink'	*z in "zip"*
k	**kula** 'to eat'	*k in "kit"*
g	**gonga** 'knock'	*g in "get"*
gh	**ghali** 'expensive'	
w	**wewe** 'you'	*w in "way"*
y	**yeye** 'he/she'	*y in "you"*
h	**hapa** 'here'	*h in "home"*
l	**lala** 'sleep'	*l in "land"*
r	**ruka** 'jump'	*r in "rain"*
nj	**njia** 'way'	*ng in "engine"*
nd	**ndoo** 'bucket'	*nd in "understand"*
mb	**mbuni** 'ostrich'	*mb in "bombard"*

Note: Kiswahili does not distinguish between long and short vowels. So vowels in vocalic sequences such as **aa, ee**, etc. should be taken to belong to different syllables.

A LIST OF SOME USEFUL KISWAHILI TERMS

A. *TRAVEL*
   kwenda 'go' in, for example:
Ni - na - kwenda mjini
'I am going to town'

Basi li – na - kwenda wapi?
'Where is the bus going?'

(Basi) li - na - kwenda mjini
'(The bus) it is going to town'

rudi 'return,' 'come back' in, for example:
u - ta - rudi lini (kutoka mjini)?
'When will you return (from town)?'

Ni –ta - rudi saa sita mchana
'I will come back at 12.00 noon.'

kuja 'come' in, for example:
u – ta - kuja nyumbani?
'Will you come home?'

Ndiyo ni-ta-kuja
'Yes, I will come.'

nauli	'fare' in, for example: **Nauli (ya kwenda mjini) ni shilingi ngapi?** 'What is the fare (to town)?'
	Ni shilingi thelathini 'It is thirty shillings'
wapi	'where' in, for example: **Hapa ni wapi?** 'Which place is this?'
	(Hapa) ni Ubungo (Here) it is Ubungo.'
	Wapi ofisi za USIS? 'Where are USIS offices?'
	Ni zile pale 'Those right there'

B. SHOPPING

duka	'shop'
dukani	'at/to the shop'
soko	'market'
sokoni	'at/to the market'
bei	'price' in, for example: **kalamu (hii) bei gani?** 'What is the price of (this) pen?'
	(Bei yake) ni shilingi ishirini '(Its price) is twenty shillings'

kuna	'there is/are' in, for example: **kuna sukari?** 'Is there (or have you got) sugar?'
	Ndiyo, kuna sukari 'Yes, there is sugar.'
	Hapana, hakuna sukari 'No, there isn't (sugar)'
sabuni	'soap'
dawa ya meno	'toothpaste'
dawa	'medicine'
mkate	'bread'
sukari	'sugar'
chumvi	'salt'
unga	'flour'
unga (wa) ngano	'wheat flour'
mchele	'(uncooked) rice'
soda	'soft-drink'
chakula	'food'
matunda	'fruits' (sg = **tunda**)
chai	'tea'
kahawa	'coffee'
nguo	'cloth
shati	'shirt'
suruali	'long trousers'
kap(u)tura	'shorts'

C. OTHERS

samahani	'pardon me,' 'excuse me'
ndiyo	'yes'
hapana	'no'
asante	'thank you'

pole	'sorry'
taka	'want' (e.g. **ni-na-taka** = 'I want')
sawa	'(it's) alright'
sijui	'I don't know'
kwaheri	'goodbye'
hosipitali	'hospital'
zahanati/dispensari	'dispensary'
kituo cha afya	'health centre'
kituo cha basi	'bus stop'
moja	= 1
mbili	= 2
tatu	= 3
nne	= 4
tano	= 5
sita	= 6
saba	= 7
nane	= 8
tisa	= 9
kumi	= 10
kumi na moja	= 11
ishirini	= 20
thelathini	= 30
arobaini	= 40
hamsini	= 50
sitini	= 60
sabini	= 70
themanini	= 80
tisini	= 90
mia moja	= 100
elfu moja	= 1000

SOMO LA KWANZA
(Lesson 1)

MAAMKIZI

This lesson introduces two Kiswahili greeting patterns presented as **Kuamkiana I** and **Kuamkiana II**. The first is a general greeting pattern while the second is more specific in purpose as will be explained below. (Bracketed numbers are references to English language translations of the conversations appearing at the end).

KUAMKIANA I

(1a)
A. Habari gani?
B. Habari nzuri

A. Hujambo?
B. Sijambo.

A. Unaendeleaje?
B. Ninaendelea vizuri.

Notes
Kuamkiana I is a general greeting in Kiswahili. It applies to anybody anytime. The greeting pattern presented is between two individuals, A

and B. A directs greetings to second person singular B; and B responds as first person singular. The greeting pattern above may also be directed to a group of people, that is to say, second person plural. In such a case B will respond as first person plural as is illustrated below:

(1b)
A. Habari gani?
B. Habari nzuri.

A. Hamjambo?
B. Hatujambo.

A. Mnaendeleaje?
B. Tunaendelea vizuri.

KUAMKIANA II

(1c)
A. Habari za asubuhi? (mchana/jioni, etc.)
B. Habari za asubuhi ni nzuri.

A. Hujambo?
B. Sijambo.

A. Unaendeleaje na kazi? (Kiswahili/Masomo, etc.)
B. B. Ninaendelea vizuri na kazi.

Notes:
As can be seen above, this greeting pattern aims at getting news about some specific time, event or person. It is, normally, with this greeting pattern that Kiswahili produces equivalents of English language greetings "Good morning," "Good afternoon," and "Good evening" appearing above as **Habari za asubuhi/mchana/jioni**, respectively. The **asubuhi, mchana** or **jioni** forms may be replaced by a name or names of persons or other

things to produce equivalents of English language "How is so and so," etc. If it concerns a third person singular named "Juma", for example, this greeting pattern may proceed as follows:

(1d)
A. Habari za Juma?
B. Habari za Juma ni nzuri.

A. Hajambo?
B. Hajambo.

A. Anaendeleaje (na Kiswahili)?
B. Anaendelea vizuri (na Kiswahili)

This pattern may also be used to ask about third person plural, in which case the subject prefix will be **wa.**

Besides the formal greeting patterns presented above, one is also likely to encounter greeting forms such as the following:

(i)   Habari?
(ii) Habari yako/zako/zenu/za kutwa?
(iii) (U)/(M) hali gani?
(iv) Salama?
(v)   Vipi?
(vi) Shikamoo

Of these forms, (i) to (iii) may be responded to simpy by either **nzuri, njema** or **salama**; (iv) and (v) by either **salama** or **vizuri;** and (vi) by **Marahaba**. (vi) particularly, is normally a greeting of the juniors (age-wise) to the seniors.

Other greetings forms include **(U) Mzima/(M) Wazima?** responded to by **Mzima/Wazima; Asalam aleikum** responded to by **(Wa) aleikum Salaam,** and **Umelalaje?** or **Umeamkaje?,** responded to by **Salama** or **Vizuri.**

In Kiswahili and in many other African languages, greetings serve numerous socio-cultural purposes. Generally, however, they are an expression of intimacy among close relationships and a means of capturing acquaitance between strangers. It is, therefore, advisable to be as free as possible with greetings and the longer they are sustained, the better. Finally, as will be seen in the next two lessons, greetings are a necessary tool in any initial contacts.

A. *Sarufi (Grammar)*

The greeting patterns in this lesson contain the following important grammatical elements:

(i) **Ha** and **Si** as negative markers
(ii) Persons are represented in the verb forms by prefixes such as:

   ni - 1st person singular
   tu - 1st person plural
   u - 2nd person singular
   m - 2nd person plural
   a - 3rd person singular
   wa - 3rd person plural

(iii) Tenses are also represented by prefixes in the verb forms, for example, present tense, **na**, in **ni-na-endelea**.
(iv) The **-je** form appearing in **a-na-endelea-je** is an interrogative element asking 'how'

B. *Msamiati (Vocabulary)*

habari	'news'	**zuri**	'good', 'nice'
gani	'what'	**ema**	'kind', 'fine'
jambo	'matter'	**salama**	'safe'
kazi	'work'	**vipi**	'how is it'
asubuhi	'morning'	**na**	'and', 'with'
mchana	'afternoon'	**endelea**	'proceed', 'get along/on'
jioni	'evening'	**ako**	'yours (sg)'

somo	'lesson'	**enu**	'yours (pl)'
hali	'condition'	**amkia**	'greet'

NB: The adjectival forms are normally preceded by prefixes representing the nouns they operate with. And **na** appearing alone is distinct from **na** appearing in the verbal form.

C. *Mazoezi* (*Exercises*)

(i) Practice with the greeting patterns above as many times possible.
(ii) Fill in the blanks:

A. Habari za asubuhi?
B. _____

A. Hamjambo?
B. _____

A. _____
B. Tunaendelea vizuri

(iii) Tafsiri (Translate)

(A) Good evening _____
(B) How are you? _____
(C) How is Juma getting on with Kiswahili? _____
(D) Are you (pl) fine/alright? _____

Kiswahili for Beginners

SOMO LA PILI
(Lesson 2)

KUJULISHANA

In this lesson we learn how to introduce each other in Kiswahili. However, as has been pointed out in the previous lesson, introduction must be preceded by greetings as is illustrated below:

(2a)
A. **Habari gani?**
B. **Habari nzuri.**

A. **Hujambo?**
B. **Sijambo.**

A. **Unaendeleaje?**
B. **Ninaendelea vizuri.**

A. **Jina lako nani?** or
   (Unaitwa nani?)

B. **Jina langu ni John**
   (Ninaitwa John)
   Na wewe, jina lako nani?

A. **Jina langu ni Petro. Je, Bwana John wewe ni nani (hapa chuoni)?**
B. **Mimi ni mwanafunzi. Na wewe ni nani?**

A. Mimi ni mwalimu. Wewe ni taifa gani (Bwana John)?
B. Mimi ni Mmarekani. Na wewe ni taifa gani?

A. Mimi ni Mtanzania

Notes

In this lesson, there are shown two ways of asking for somebody's name in Kiswahili. The first is **Jina lako nani?** which is equivalent to English language "What is your name? This Kiswahili form, however, literally translates as "Who is your name?" The second is the form **Unaitwa nani?** which is equivalent to English language, "Who are you called?" Each of these forms can be used freely. In this language, however, these two forms are distinct from the forms **U nani?** or **Wewe ni nani?** = "Who are you?" which are normally understood to demand, not the name, but one's occupation. Either of these forms and the question **Wewe ni taifa gani?**= "what is your nationality?" may be used to extend the introduction as shown above.

The most important verbal form appearing in this lesson is the copular form **ni** "is"/"are". This form is, in this language, negated by the negative marker **si** (mentioned in Lesson 1) as is illustrated below:

(2b)
A. Je, Bwana John, wewe ni Mchina?
B. Hapana, mimi si Mchina. Mimi ni Mmarekani.

A. Je wewe ni mwalimu?
B. Hapana, mimi si mwalimu. Mimi ni mwanafunzi.

A: *Sarufi*
(i) This lesson contains two Kiswahili "self-standing" pronouns
  mimi "I" and **wewe** "You" (sg). Other such pronouns include:

  yeye 'she'/ 'he'
  sisi 'we'
  ninyi 'you (pl)' and
  wao 'they'

Kiswahili for Beginners

(ii) Note also that the **ni** form is negated by the **si** form as has been pointed out above.

C. Msamiati

jua	'know'
jina	'name'
mwanafunzi	'student'
mwalimu	'teacher'
taifa	'nation'
bwana	'Mr.'
itwa	'be called'
Mmarekani	'American' (from USA)
Mtanzania	'Tanzanian'
Mchina	'Chinese'
Chuoni	'at the College/University'

D. Mazoezi

(i) Jibu maswali haya (*Answer these questions*)
    (a) Unaitwa nani? _____
    (b) Wewe ni taifa gani? _____
    (c) Wewe ni nani hapa? _____
    (d) Je, wewe ni Mtanzania? _____
    (e) Je, Esta ni mwalimu? _____

(ii) Tafsiri
    (a) She is a teacher _____
    (b) I am a Tanzanian _____
    (c) Your name is John _____
    (d) We are teachers _____
    (e) They are not students _____

SOMO LA TATU
(Lesson 3)

KUINGIA KWA MTU MWINGINE

As the last of the introductory lessons targeted mainly on socio-cultural aspects of language, this lesson shows what one needs to do before and after getting into another person's place/home. Here too, as with the previous situations, greetings play an important role. Things normally start off with the word **Hodi** which may be repeated till one is heard. The conversation generally takes the following pattern:

(3a)
A. Hodi
B. Karibu

A. Asante (sana). Habari gani?
B. Habari nzuri

A. Hujambo
B. Sijambo. Karibu kiti (ukae)

A. Asante sana.
A. _____
   _____
   _____

Kiswahili for Beginners

A. Ninaondoka tafadhali. Kwaheri
B. Kwaheri.

Notes

The use of **Hodi** to call attention presumes lack of modern facilities such as sounding doors or bells. But even where these are available such as in many towns, **Hodi** has remained popular since it also enables the host(s) to read or tell the guest's voice.

Hodi is responded to by **Karibu** which is equivalent to English language 'Welcome'. After a word of welcome, the guest is expected to thank by the word **Asante** = 'thank you'. This is followed by greetings which may proceed as shown in the previous lessons. Also, either before or during the greetings, the host may call on the guest to have a seat with the words **Karibu kiti (ukae)**, the courtesy for which the guest must thank.

Greetings may be followed by an introduction if necessary before continuing with discussion. At the end, the guest will express his/her intention to leave with the words **Ninaondoka tafadhali**. This is followed by the word **Kwaheri** = 'Goodbye'.

A. Sarufi

Take note of the verbal forms:

(i) **ni-na-ondoka** 'I am leaving' and
(ii) **u-ka-e** 'you (sg) (should) take seat'

These will be the subject of the following lessons.

B. Msamiati

hodi	''a call for attention at places/homes'
karibu	'welcome'
asante	'thank you'
tafadhali	'please'
kwaheri	'good-bye'
kwa	'to', 'by', 'with'
sana	'very (much)'
ingia	'enter'

kaa	'sit'
ondoka	'leave'
ingine	'other'

C. *Mazoezi*

(i) Practice with the guest/host conversation above as many times as possible.

(ii) **Jaza nafasi wazi** (*fill in the blanks*).

A. Hodi
B. _____

A. Asante sana./ Habari gani?
B. _____

A. Jina lako nani?
B. _____

A. _____
B. Kwaheri

SOMO LA NNE
(Lesson 4)

UNAFANYA NINI?

In this lesson titled **Unafanya nini?** = "What are you doing?" we learn how to produce Kiswahili basic constructions with various verbs. Examples of such basic constructions had already appeared in the previous lessons. These were the structural patterns with the verbs **endelea** 'proceed' (in Lesson 1) and **ondoka** 'leave' (in Lesson 3) which appeared with prefixes representing "subject" and "tense" categories. Our aim in this lesson is to expose various details relating to such constructions. So, below we present three conversation patterns involving basic verbal structural forms. The pattern in I shows such verbal structural forms co-occurring with adverbial or prepositional categories used in responding to questions with interrogative elements **nini** 'what' **lini** 'when and **nani** 'who'. The pattern in II, on the other hand, shows the basic verbal structures in the company of adverbial, prepositional and verbal forms used in responding to questions with interrogative elements **wapi** 'where', **ngapi** 'how many/much' and **unaweza**....? 'Can you........?' The pattern in III, on its part, shows how such basic structural forms appear in the negative.

I

(4a)
A. **Juma, ulikula?**
B. **Ndiyo, nilikula.**

A. Ulikula nini?
B. Nilikula ugali na nyama.

A. Ulikula lini?
B. Nilikula jana jioni?

A. Mtakula nini kesho?
B. Tutakula wali na maharage kesho.

Notes

The conversation in I above involves only one verbal form **kula** 'to eat'. Wherever it occurs in the conversation, this verb appears with the prefixes representing 'subject' and 'tense' categories. Such structural pattern can be formally represented as follows:

Subject   Tense
Prefix   +   Prefix   +   Verb

In this pattern, the left most slot is normally filled by a prefix representing persons or other objects functioning as 'subject'. A full list of such prefixes representing persons was provided in Lesson 1. The list of such prefixes representing other objects will be produced in Lesson 6, where nouns in the language are treated.

The second slot in the structural pattern above is normally filled by a Tense Prefix (TP). Such include the following prefix elements:

li for past tense, e.g. English 'he did'
me for near past tense, e.g. English 'he has done'
na for present tense, e.g. English 'he is doing'
ta for future tense, e.g. English 'he will do'

(Note here that the tense form **me** may also translate as present tense to distinguish the following verbal senses:

a-na-kaa 'she/he is in the process of sitting down'
a-me-kaa 'she/he is seated.'

Kiswahili for Beginners

The right most slot, on the other hand, is normally filled by what is referred to in grammar as an intransitive verb. Intransitive verbs are verbs in language, which do not take 'object' categories. In Kiswahili such verbs include, for example:

lala	'sleep'	**tembea**	'walk'
oga	'bathe'	**amka**	'wake up'
kimbia	'run'	**lia**	'cry'
kaa	'sit'	**simama**	'stand/stop'
ogelea	'swim'	**ugua**	'fall sick', etc.

The Kiswahili transitive verbs, (that is to say, 'object' taking verbs) operate in a structural pattern to be studied in the next lesson.

II

(4b)
A. John unakwenda wapi?
B. Ninakwenda mjini.

A. Unakwenda kufanya nini mjini?
B. Ninakwenda kutembea tu.

A. Utarudi saa ngapi?
B. Nitarudi saa kumi jioni.

A. Utafanya nini baada ya kurudi?
B. Nitapika (chakula).

A. Je, unaweza kupika?
B. Ndiyo, ninaweza kupika.

A. Una vyakula gani nyumbani?
B. Nina unga, mchele, mboga na nyama.

Notes
The conversation pattern in II above shows that besides its co-occurrence with various adverbial or prepositional categories, the verbal structural forms

under consideration may also co-occur with other verbal forms. These latter, however, appear only with a restricted class of verbs, such as **kwenda** 'go'; **weza** 'be able', etc. **Weza** particularly, is relevant at this stage, since it is the verb used in Kiswahili to express the equivalent of English language 'Can so and so do....' In Kiswahili, the constructions with **weza** as above, literally translate as 'so and so is able to do...' The verbs that follow **weza** or other members of its verb class normally bear the infinitive prefix **ku-** which is equivalent to English language form 'to'.

The conversation pattern in II also introduces copular forms **una** 'you have' and **nina** 'I have'. These are another basic structural form used to express the Kiswahili equivalents of English language TO HAVE in present tense. This structural pattern is composed of the 'subject' prefix (SP) and the form **na**. And, as with the basic verbal structural pattern above, the 'subject' slot in this structure is also filled by a prefix representing persons or other objects. This copular structure appears as follows with various persons we have been dealing with so far:

nina	'I have'	**tuna**	'we have'
una	'you (sg)have'	**mna**	'you (pl) have'
ana	'she/he has'	**wana**	'they have'

This 'possessive' copular form, the 'qualitative' copular form **ni** mentioned in Lesson 2 and the 'Locative' copular form to be studied in Lesson 8 appear as they do only in present tense. In other tenses, all these forms appear as the verb **kuwa** 'to be'. As a finite verb, **kuwa** then operates in the basic verbal structural pattern presented above just as the other verbs. The examples below show how constructions with the 'qualitative' and the 'possessive' copulars change in other tenses.

Mimi ni mwalimu ⟶ **Nilikuwa mwalimu**
'I am a teacher'   'I was a teacher'

Nina kitabu ⟶ **Nilikuwa na kitabu**
'I have a book'   'I had a book.'

III

(4c)
A. Mariam, ulikwenda mjini jana?
B. Hapana, sikwenda (mjini jana).

A. Kwa nini h(a)ukwenda mjini jana?
B. Sikwenda (mjini jana) kwa sababu sikuwa na pesa.

A. Je, una pesa leo?
B. Hapana sina pesa leo.

A. Utapata pesa lini?
B. Sitarajii kupata pesa karibuni.

A. Je. utatafuta kazi?
B. Hapana, sitatafuta kazi.

A. Kwa nini h(a)utafuti kazi?
B. Sitafuti kazi kwa sababu bado ninasoma.

Notes
The verbal structural forms appearing in the responses by B above are all in the negative. Such patterns show that, in Kiswahili, negation takes place within the verbal or the copular structural forms discussed above. Negating a basic construction in Kiswahili requires the involvement of two elements. The first is the use of the **ha** or **si** negative markers mentioned in Lesson 1. The second is the use of negative tense elements. The **ha** or **si** elements apply as follows:

> Si negates basic constructions with **ni** element in the affirmative while **ha** operates elsewhere. These take the leftmost position in the verbal structural pattern, that is to say, before or at the subject prefix slot. And the **ni** elements in question may be the 'qualitative' copular or the prefix representing first person singular.

The negative tense elements, on the other hand, appear as shown below.

Tense in the Affirmative	Tense in the Negative
li (past) becomes	**ku**
me (near past) becomes	**ja**
na (present)	**na** element deleted and verbal final suffix **-a** becomes **–i**.
ta (future) remains	**ta**

These can be illustrated as follows:

ni-na kalamu → **si-na kalamu**
'I have a pen' 'I don't have a pen'

ni-na-tembea → **si-tembe-i**
'I am walking' 'I am not walking

tu-li-lala → **ha-tu-ku-lala**
'We slept' 'We didn't sleep'

wa-ta-ogelea → **ha-wa-ta-ogelea**
'They will swim' 'They will not swim'

m-me-fika → **ha-m-ja-fika**
'You (pl) have arrived' 'You (pl) have't arrived'

The exceptions to the above rules are the constructions involving (a) the third person singular prefix **a-** and (b) six Kiswahili monosyllabic verb forms which are normally supported by the infinitive **ku** prefix element. The third person singular prefix **a** does not normally feature after the negative marker **ha**. For example:

a-li-lala → **ha-ku-lala**
'she/he slept' 'she/he didn't sleep'

a-na-oga → **ha-og-i**
'she/he is bathing' 'she/he isn't bathing'

Kiswahili for Beginners

Finally, the following monosyllabic verbs normally lose the **ku** prefix in all but future tense negative forms.

ku-la	'to eat'	**ku-nywa**	'to drink'
ku-fa	'to die'	**kw-enda**	'to go'
ku-ja	'to come'	**ku-wa**	'to-be'

For example:
ali-kula ⟶ **ha-ku-la**
'she/he ate'   'she/he didn't eat'

m-na-kunywa maji ⟶ **ha-m-nywi maji**
'You (pl) are drinking water'   'You (pl) aren't drinking water'

tu-ta-kwenda mjini ⟶ **ha-tu-ta-kwenda mjini**
'We will go to town'   'We will not go to town'

A. *Sarufi (Grammar)*

In this lesson, three important grammatical aspects have been covered. These are:

(i) The establishment of basic verbal and copular structural patterns as:

    (a) SP + TP + Verb, and
    (b) SP + **na,** respectively;

(ii) Indication that the verbal structural patterns in (i) above may co-occur with various adverbial, prepositional or infinitive verbal forms in a basic construction; and

(iii) The negation of basic constructions.

B. *Msamiati (Vocabulary)*

ugali	'stiff porridge'	**pika**	'cook'
unga	'flour'	**soma**	'read'

wali	'cooked rice'	pata	'get'
mchele	'uncooked rice'	tarajia	'expect'
maharage	'beans'	tafuta	'look for'
mboga	'vegetable'	rudi	'return' 'come back'
mji	'town'	leo	'today'
nyumba	'house'	jana	'yesterday'
nyumbani	'home'	juzi	'the day before yesterday'
pesa	'money'	keshokutwa	'the day after tommorrow'
kwa nini	'why'	bado	'still', 'not yet'
kwa sababu	'because'	tu	'only'
kabla ya	'before'		
baada ya	'after'		

C. *Mazoezi*

(i) Jibu Maswali haya (*Answer these questions*)
   (a) Je utakula leo jioni?_____
   (b) Utakula nini?_____
   (c) Je ulikwenda mjini jana?_____
   (d) Ulikwenda kufanya nini?_____
   (e) Je, unaweza kuogelea?_____
   (f) Je, unaweza kupika samaki?_____
   (g) Uliondoka Marekani lini?_____
   (h) Una shilingi ngapi?_____
   (i) Unatafuta kitabu gani?_____
   (j) Utakwenda wapi baada ya darasa?

(ii) Tafsiri (*Translate*)
   (a) She had no money _____
   (b) They will not come here _____
   (c) I am not drinking water _____
   (d) He hasn't eaten _____
   (e) They have cooked _____
   (f) Why didn't you read the book?_____
   (g) You (pl) will look for job tomorrow_____

(h) We are not walking _____
(i) She has rice and vegetables at home _____

(ii) *Kanusha* (*Negate*)
 (a) Nililala _____
 (b) Tuliogelea _____
 (c) Atakunywa soda _____
 (d) Ninakula _____
 (e) Mnatembea _____
 (f) Umefika _____
 (g) Wataogopa _____
 (h) Anarudi _____
 (i) Tunakwenda mjini _____
 (j) Mna pesa _____
 (k) Mimi ni Mchina _____
 (l) Walikuwa na kitabu _____

D. *Mazoezi ya Kusoma* (*Reading Exercises*)

I

Mimi ninaitwa Hamisi. Mimi ni mwalimu. Ninafundisha **Chuo Kikuu**. Ninaamka kila **siku** asubuhi. Baada ya kuamka, ninaoga. **Kisha** ninapiga mswaki. **Baadaye** ninavaa na **kuchana nywele** na kunywa chai. Baada ya kunywa chai ninakwenda kazini.
 Rafiki yangu anaitwa Juma. Yeye ni mwanafunzi. **Anajifunza lugha** na siasa Chuo Kikuu. Juma anaweza kusema Kiingereza vizuri.

II

Jana, niliamka saa kumi na mbili na **nusu** asubuhi. Baada ya kuamka nilioga na kuvaa nguo. Niliondoka nyumbani saa moja **kasoro robo**. Nilikwenda kituo cha basi. Nilipanda basi saa moja kamili. Basi lilikuwa linakwenda Ubungo. Ni**lipofika** Ubungo, nilipanda basi jingine mpaka mjini. Nilifika mjini saa mbili na **dakika** kumi. **Nilishuka** kwenye basi. Baadaye nilikwenda madukani **kununua** vitu. Nilirudi saa sita na robo mchana.

(a) Msamiati

fundisha	'teach'	Chuo Kikuu	'University'
piga mswaki	'brush teeth'	siku	'day'
vaa	'dress' 'wear'	nusu	'half'
jifunza	'learn'	robo	'quarter'
panda	'climb', 'board'	kituo	'centre', 'stop'
fika	'reach', 'arrive'	basi	'bus'
shuka	'descend', 'board off'	kila	'every', 'each'
nunua	'buy'	kamili	'exact(ly)'
baadaye	'later'	kasoro	'less'
kasoro robo	'quarter to'	dakika	'minute(s)'
kituo cha basi	'bus stop'	vitu	'things'
-po-	'adverbial "when"'	mswaki	'tooth brush'
Kiingereza	'English language'	lugha	'language'

(b) Tafsiri 1 kwa Kiingereza
(c) Geuza II katika wakati uliopo (*change II into present tense*).

SOMO LA TANO
(Lesson 5)

MAZUNGUMZO

In the previous lesson we studied basic constructions involving verbs and personal pronouns functioning as 'subject'. Such constructions were shown to produce equivalents of English language expressions like 'I left', 'We are sleeping', 'They will walk', etc. It was indicated that for the constructions which involve both the 'subject' and the 'object' categories such as the English language expressions 'I saw him', 'we love them', etc., Kiswahili uses another verbal structural pattern. This is the pattern presented below which has a lot for the Object Prefix (OP).

Subject   Tense   Object
Prefix + Prefix + Prefix + Verb

In this pattern the subject prefix (SP) and the Tense Prefix (TP) slots are filled by the prefixes representing 'subject' and 'tense' categories as had been previously indicated. The Object Prefix (OP) slot, on the other hand, is filled by a prefix representing persons or other nouns functioning as 'object'. And, the verbs that fill the right most slot are normally those referred to in grammar as 'transitive' verbs. These were shown earlier as verbs which take persons or nouns functioning as 'objects'. Some verbal structural patterns in the following conversation are of the form presented above.

(5a)
A. Je, Bwana Maganga, utakwenda sokoni kesho?
B. Ndiyo, nitakwenda sokoni kesho.

A. Utakwenda kufanya nini sokoni?
B. Nitakwenda kumnunulia mama mafuta, nazi, vitunguu na nyanya.

A. Je, unaweza kuninunulia mananasi huko (sokoni)?
B. Ndiyo, ninaweza. Lakini sitakuwa na pesa za kutosha.

A. Nitakupa shilingi mia mbili (na) hamsini. Je, utaniletea mananasi nyumbani?
B. Hapana, sitaweza kukuletea kwa sababu nitakuwa na kazi nyingine.

A. Basi, nitamtuma Omari kuja kuyachukua.
B. Sawa. Atanikuta nyumbani.

Notes
In the conversation pattern above, four verbal structural forms, namely, **ni-ta-ku-pa** 'I will give you', **u-ta-ni-letea** 'you (sg) will bring (for) me', **ni-ta-m-tuma** 'I will send him' and **a-ta-ni-kuta** 'he/she will find me' show various components of the structural pattern presented above. These are the SP, the TP, the OP and verb. Of the structural forms listed, the form **ni-ta-ku-pa**, for example, shows that when second person singular functions as an 'object' it is represented by the prefix –**ku**-. Similarly, the patterns **u-ta-ni-letea** and **ni-ta-m-tuma** show first and third person singular forms functioning as objects to be represented by the prefixes –**ni**- and -**m**-, respectively. This is an indication that when functioning as 'object' categories the persons are represented by prefixes which may be similar or different from those which represent them when they function as 'subjects'. In Kiswahili the SPs and OPs representing various persons are as follows:

Person	SP	OP
1st singular	ni-	-ni-
1st plural	tu-	-tu-
2nd singular	u-	-ku-
2nd plural	m-	-wa-
3rd singular	a-	-m-
3rd plural	wa-	-wa-

The conversation pattern above also shows that the infinitive verbal structural forms can accommodate the OPs too. The OPs in such structures occur after the infinitive prefix **ku-**as is evident in the patterns.
   ku-m-nunulia 'to buy for him/ her', and
   ku-ku-letea 'to bring (for) you (sg)'

These patterns also introduced the Kiswahili structural process known as 'verbal extension'. This concerns the formation of new verbs by adding various suffixes to verbal roots, for example:
   nunu - a 'buy' ⟶**nunu -li-a** 'buy for'
   let - a 'bring' ⟶**let-e-a-** 'bring to/for'

This process is to be fully treated in the Intermediate Stage Lessons later.
   Finally, the above conversation pattern further shows an example of a prefix representing a non-personal noun functioning as 'object'. This is the prefix **-ya-** in **ku-ya-chukua** 'to take them'. Here, prefix **-ya-** represents nouns such as **mananasi** 'pineapples' which belong to noun-class 6 in Kiswahili. A full list of prefixes representing all non-personal nouns in Kiswahili will be produced in the next lesson.

A. *Sarufi*
This lesson has introduced two verbal structural patterns accommodating the nouns functioning as 'objects'. These are the patterns:
(a) SP + TP +OP + Verb, and
(b) **ku-** OP + Verb.

Of these patterns, (a) may co-occur with various adverbial and prepositional forms just as the pattern in the previous lesson while (b) functions as a complement to a certain class of verbs. (a) patterns are negated as had been shown in the previous lessons. This lesson also provides an indication of how other nouns may be represented in the verbal structural patterns studied.

B. Msamiati

nunua	'buy'	mafuta	'oil'
nunulia	'buy for'	nazi	'coconut'
leta	'bring'	vitunguu	'onions'
letea	'bring for/to'	nyanya	'tomatoes'
tosha	'suffice'	mananasi	'pineapples'
tuma	'send'	huko	'over there'
chukua	'take'	zungumza	'converse'
kuta	'find','meet'	lakini	'but'
pa	'give'		

C. Mazoezi
(i) Jibu maswali haya

    (a) Je, ulimwona John jana? _____
    (b) Je, utampa Omari kitabu? _____
    (c) Je, unaweza kumnunulia rafiki yako zawadi? _____
    (d) Je, unapenda kula vitunguu? _____
    (e) Je, unaweza kumwandikia rafiki yako barua? _____
    (f) Je, unampenda nani zaidi, baba au mama? _____
    (g) Je, unamfahamu Bill Clinton? _____
    (h) Je, ulimtafuta Mary? _____
    (i) Je, unanikumbuka? _____
    (j) Unamtazama nani? _____

(ii) **Kanusha**
    (a) Nilimwona _____
    (b) Alikukumbuka _____

(c) Tutawauliza _____
(d) Wanatujua _____
(e) Mliwasikia _____
(f) Unawasikiliza _____
(g) Nimemwambia _____
(h) Watawapiga _____
(i) Walitukaribisha _____
(j) Umemchukua mtoto _____
(k) Ninawafundisha wanafunzi _____

(iii) Tafsiri
(a) I don't know his name _____
(b) Do you understand me? _____
(c) He can't remember me _____
(d) They want to listen to us _____
(e) We will give them food _____
(f) They have brought us books _____
(g) It is very expensive _____
(h) She will go to the Post Office to buy stamps _____
(i) We haven't seen you (pl) _____
(j) She can't speak English _____
(k) We are expecting Juma and Esta _____

D. *Mazoezi ya Kusoma*

I

A. Utamwona Juma kesho?
B. Ndiyo, nitamwona. Aliniambia atakuja kesho.

A. Mimi nitawaona Ali na Musa kesho.
B. Aa! Ali na Musa! Watakuja lini kutuona?

A. Nitawauliza, Ninajua watapenda sana kukuona.
B. Ninawakaribisha.

II

Siku moja nilikwenda kijijini kuwatembelea marafiki. Nilikuwa sijawaona kwa muda mrefu. Nilikuwa sijawandikia barua. Nao walikuwa hawajaniandikia barua. Kabla ya safari nilipata habari kwamba wanataka sana kuniona. Kwa hiyo nilianza kutafuta nauli ya kwenda na kurudi. Baada ya kupata pesa za kutosha nilifunga safari kwenda kijijini. Kijiji kilikuwa mbali, ilikuwa safari ya siku nzima kwa basi. Nauli ya basi kwenda na kurudi ilikuwa shilingi elfu moja na mia mbili. Nilipofika kituo cha basi nilikata tiketi ya kwenda na kurudi. Baada ya muda mfupi basi lilifika. Tulipanda na kuanza safari. Tulifika kijijini saa moja jioni. Marafiki zangu walinipokea vizuri na tuliongea usiku mzima. Nilirudi nyumbani siku ya pili.

(iv) Msamiati

ona	'see'	ongea	'chat'
kata tiketi	'buy ticket'	kata	'cut'
ambia	'tell'	kijiji	'village'
uliza	'ask'	kijijini	'to'/'at the village'
penda	'like'	marafiki	'friends'
karibisha	'invite'	muda	'time'
tembelea	'visit'	refu	'tall', 'long'
andika	'write to'	kwa hiyo	'therefore'
pata	'get'	barua	'letter'
anza	'start', 'began'	mbali	'far'
funga	'tie', 'shut'	zima	'whole'
funga safari	'make journey'	kwamba	'that'
pokea	'receive'		

(iii) Tafsiri I and II

SOMO LA SITA
(Lesson 6)

NYUMBANI

As had been previously indicated, this lesson is to introduce the nouns in Kiswahili. The nouns in this language are important with regard to sentence constructions in that they must be represented, overtly or covertly, in every category in a sentence. This means that all other categories appearing in a sentence must agree with the nouns they co-occur with.

The agreement relationship between nouns and other categories in a sentence in Kiswahili and other Bantu languages is referred to as concordial agreement. This is an agreement realized through the functions of certain sets of affixes which appear as prefixes to stems of other categories in a sentence. Kiswahili and other Bantu languages operate with two sets of such affixes referred to as the 'Adjectival' and the 'Pronominal'. Of these, the former operates as prefixes to all adjectival stems while the latter operates as prefixes to verbal, demonstrative and possessive stems. Thus, it is the members of this latter set that operate as Subject Prefixes (SPs) and Object Prefixes (OPs) to the verbal structural patterns studied in Lessons Four and Five.

The conversation below displays various agreement relationship between nouns and other categories such as verbs, adjectives and possessive elements in sentence constructions:

(6a)
A. Juma karibu nyumbani kwangu.
B. Unaishi wapi?

A. Ninaishi Dar es Salaam, mtaa wa Lumumba, nyumba nambari mia nne na kumi.
B. Je, nyumba yako ni kubwa au ndogo?

A. Nina nyumba kubwa sana. Nyumba yangu in vyumba vitatu vya kulala, jiko, choo, bafu na sebule. Kila chumba kina mlango mmoja na dirisha moja. Pia nyumba yangu ina sakafu ya sementi, dari na paa la bati.
B. Una vyombo gani nyumbani?

A. Nina makabati matatu, vitanda vinne, meza mbili, viti kumi, mtungi mmoja, visu, masufuria, mikeka, magodoro, na kadhalika.
B. Mimi nina nyumba ndogo. Ina vyumba viwili tu, paa la nyasi na sakafuni nimetandika mikeka. Nyumba yangu imejengwa karibu na mto.

A. Basi, Juma utakuja lini nyumbani?
B. Twende sasa hivi.

Notes

The conversation above displays a number of things about the nouns themselves and about their concordial agreement patterns with other categories. This conversation also introduces the learner to a local home and the various household items it normally contains such as **viti** 'chairs', **vitanda,** 'beds', **mikeka,** 'mats', etc,

Concerning the nature of nouns in this language, we observe two important aspects. The first of these is the various distinct appearances of singular and plural forms of nouns. The second aspect is that each such nominal form has its own distinct agreement pattern with the other categories. With regard to the first aspect we note, for example, that various nouns appearing in the conversation can be variably grouped as follows according to their singular and plural forms.

Group	Singular form	Plural form
A	kiti 'chair'	viti
	kisu 'knife'	visu
	kikombe 'cup'	vikombe
	kitanda 'bed'	vitanda
	choo 'latrine'	vyoo
	chungu 'pot'	vyungu
	chumba 'room'	vyumba
B	kabati 'cupboard'	makabati
	dirisha 'window'	madirisha
	sufuria 'saucepan'	masufuria
	godoro 'mattress'	magodoro
	paa 'roof'	mapaa
	jiko 'kitchen', 'stove'	meko 'stoves'
C	mlango 'door'	milango
	mkeka 'mat'	mikeka
	mto 'river;	mito
	mtungi 'waterpot'	mitungi
D	meza 'table'	meza
	nyumba 'house'	nyumba
	sakafu 'floor'	sakafu

The examples above show that, on the basis of their singular and plural forms, nouns in Kiswahili fall into different groupings. The key element in the distinction of such groupings is the initial form of each singular and plural noun groups. The nouns listed above, for example, display the following singular and plural initial forms for each group:

Group	Singular Prefix	Plural Prefix
A	ki-/ch-	vi-/vy-
B	ji-/ ∅	ma-

Group	Singular Prefix	Plural Prefix
C	m-	mi-
D	n-/Ø	n-/Ø

With regard to the second aspect mentioned above, it is also observed that each of the singular and plural forms in the noun groupings above has its own distinct way of agreeing with other categories in sentence structure. For example, each member of the noun groupings above agrees as follows with the adjective stem **dogo** 'small' and the verb form **potea** 'be lost'.

Group	Noun	Adjectives Pattern	Verbal pattern
A	**kitanda**	**ki-dogo**	**ki-me-potea**
	chungu	**ki-dogo**	**ki-me-potea**
	vitanda	**vi-dogo**	**vi-mepotea**
B	**jiko**	**Ø-dogo**	**li-me-potea**
	godoro	**Ø-dogo**	**li-me-potea**
	magodoro	**ma-dogo**	**ya-me-potea**
C	**mkeka**	**m-dogo**	**u-me-potea**
	mikeka	**mi-dogo**	**i-me-potea**
D	**meza**	**n-dogo**	**i-me-potea**
	meza	**n-ndogo**	**zi-me-potea**

All the construction patterns above are equivalent to English language expression 'small A/B/C/D noun(s) is/are lost'. It is category agreements such as those displayed by the construction patterns above that determine grammatical expressions in Kiswahili and other Bantu languages.

The noun aspects described above are the basis for what are referred to as 'noun-classes' in this and other Bantu languages. The table below displays a full list of Kiswahili Noun-classes. These are presented as noun-class, adjectival and pronominal prefixes representing each noun form and its concordial agreement markers.

Table 1: *Kiswahili Noun-Classes and their Concordial Prefixes*

Noun Class	Example		Adjectival Prefix	Pronominal Prefix
1. M-	m-toto	'child'	m-	a-, yu-, u-
2. WA-	wa-toto	'children'	wa-	wa-
3. M-	m-ti	'tree'	m-	u-
4. MI-	mi-ti	'trees'	mi-	i-
5. Ji-/Ø	ji-cho	'eye'	ji/-	li-
6. MA-	ma-cho	'eyes'	ma-	ya-
7. KI-/CH-	ki-ti	'chair'	ki-/ch-	ki-/ch-
8. VI-/VY-	vi-ti	'chairs'	vi/vy-	vi-vy
9. N-/Ø	ngoma	'drum'	n-/-	i-
10. N-/ Ø	kuta	'walls'	n-/	-zi-
11/14 U-	u-kuta	'wall'	m-	u-
10. N-/ Ø	kuta	'walls'	n-/-	zi-
15. KU-	kucheza	'to play'	ku-	ku-
16. PA-	pa-le	'there'	pa-	pa-
17. KU-	ku-le	'over there'	ku-	ku-
18. M(U)	m-le	'inside there'	m(u)-	m(u)-

Therefore, on the basis of its initial form, each noun in Kiswahili is a member of one of the noun-classes in the table above and, accordingly, operates with the concordial prefixes listed. The nouns with initial forms not matching any of the noun-class prefixes above such as most of the loan words, normally belong to either classes 5/6 or 9/10. These are the classes with zero allomorphs (i.e. Ø) allowing for the accommodation of any such nouns. A 'zero allomorph' is a phonetically non-realized morphemic variant.

Now, although the initial structural forms of the nouns are the main criteria for their placement into a class, the noun classes in this language also tend to coincide with certain semantic connotations. For example, 1/2 is, generally, a class of 'autonomous living beings'; 3/4 class of 'non-autonomous living beings', 5/6 a class of objects occurring in pairs and mass nouns; 7/8 a class of 'things' generally; 9/10 a class of socio-culturally and environmentally significant objects; 11 + 14/10, a class of 'long' objects and abstract nouns: 15, a class of infinitive nouns and 16. 17 and 18 are place references.

Historically, some nouns have undergone certain structural or semantic shifts. Class 11 +14/10 represents a case of structural shifts merging nouns which originally belonged to different noun-classes in proto-Bantu. The result is a noun-class containing 'abstract' nouns which do not pluralize and 'long' objects which pluralize as class 10. And, an example of a semantic shift is the current use of the word **mungu** 'god'. In Kiswahili, this word is a reference to a 'non-autonomous living being' of class 3/4 in accordance with traditional beliefs of certain African groups. However, Christian and Moslem believers now use this word as reference to an 'Autonomous living being' of class 1 in accordance with their religious beliefs.

In the remaining part of this lesson we will consider further various issues concerning the agreement patterns between nouns and adjectives, and between nouns and verbs and possessive elements. The agreement patterns between nouns and demonstrative elements will be the subject of Lesson 7.

6.1 Noun and Adjective Agreement Patterns

Examples of agreement patterns between nouns and adjectives have been provided above. These showed that key elements in such agreement patterns are the Adjectival Prefixes appearing in the middle column of Table 1. It should be noted, first, that the Adjectival Prefixes are similar to Noun-class prefixes except with class 11/14. This is a useful hint to the new learner. It means that if you know the noun you can always tell the Adjectival Prefix it operates with. Secondly, the shapes these prefixes take when they combine with the adjectival stem tend to be influenced by the structures of the adjectives in question. And, thirdly, the Adjectival Prefixes do not normally operate with the borrowed adjectival forms or numbers. So, to find how the combination processes really work between prefixes and stems, let us first, specify the various elements involved.

In Kiswahili, the elements that operate with the Adjectival Prefixes include:

Kiswahili for Beginners

(a) Proper adjectives, for example:

zuri	'good'	kali	'sharp', 'fierce', 'bitter'
baya	'bad'	refu	'long', 'tall'
chungu	'sour'	tamu	'sweet'
fupi	'short'	pana	'wide'
butu	'blunt'	pya	'new'
embamba	'thin', 'narrow'	kubwa	'big'
safi	'clean'	chafu	'dirty'
dogo	'small'	nene	'thick', 'fat'
zito	'heavy'	epesi	'light'
ingi	'many'	erevu	'clever'
ema	'kind', 'fine'	janja	'cunning'
bovu	'infected'	wivu	'lazy'
gumu	'hard', 'difficult'	ingine	'other;
bivu	'ripe'	bichi	'unripe', 'raw'

(b) Colour references, especially, the three main ones, namely:

eusi	'black'
eupe	'white'
ekundu	'red'

(c) Numbers, for example:

moja	'one'	sita	'six'
mbili	'two'	saba	'seven'
tatu	'three'	nane	'eight'
nne	'four'	tisa	'nine'
tano	'five'	kumi	'ten', etc.

All items belonging to the categories of elements above may be preceded by the Adjectival Prefixes as illustrated below:

I

(I) (i) **m-tu-m-moja m-refu**
   'one tall person'

  (ii) **wa-tu wa-tano wa-fupi**
   'five short people'

(iii) **wa-tu saba wa-zuri**
'seven nice people'

II (i) **ki-kombe ki-moja safi**
'one clean cup'

(ii) **vi-kombe vi-nane vy-eupe**
'eight white cups'

(iii) **vi-kombe saba safi**
'seven clean cups'

In these examples the adjectives **safi** 'clean' and the number **saba** 'seven' are not preceded by the Adjectival Prefixes because they are borrowed forms. The construction such as II(ii), on the other hand, shows that the Adjectival Prefix **vi** - appears as **vi**-before a consonant initial stem and as a **vy**- before a vowel initial stem

The variations represent different types of morphophonemic changes on juxtaposed elements. Many such variations are governed by certain definite rules. With regard to Kiswahili agreement patterns under consideration the following rules are worth taking note of:

(i)   **m-** before vowel initial stems → **mw-**
(ii) **ki-** before vowel initial stems → **ch-**
(iii) **n-** before vowel initial stems → **ny-**
(iv) **n-** before **r** or **l**   → **nd**
(v)   **i-** before vowel initial stems → **y**
(vi) **u-**before vowel initial stems   → **w**
(vii) **a + i**   → **e**; etc. etc.

Since speech and written texts always display such variations, the rules listed above are only a guide to help the new learner understand what takes place.

Kiswahili for Beginners

6.2 Noun, Verbal and Possessive Agreement Patterns

The key elements in the agreement between nouns and verbal and possessive elements in Kiswahili are the Pronominal Prefixes. With respect to constructions involving verbs, the Pronominal Prefixes are the elements which fill the SP and the OP slots as discussed in Lessons Four and Five. If, for example, the constructions involve the verbs **pasuka** 'be torn' and **nunua** 'buy' and the noun **kitabu** 'book' of class 7 functioning as their 'subject' or 'object', the agreement patterns would appear as follows:

(kitabu) ki-me-pasuka, and
'(the book) it is torn'

ni-me-ki-nunua (kitabu)
'I have bought it (book)'

In these examples, the Pronomial Preafix **ki** of class 7 operates as an SP in the first construction and as an OP in the second one.

As for the possessive elements, we need to establish what they are in Kiswahili before considering their agreement patterns with the nouns. In this language, the possessive elements include:

(a) The possessive stems such as

-angu 'my', 'mine'	**-etu** 'our', 'ours'
-ako 'your', 'yours (sg)'	**-enu** 'your', 'yours'
-ake 'his'/her', 'hers'	**-ao** 'their', theirs

(b) "Connective" – **a** + noun, used to express the equivalents of English language expressions, 'belong(s) to' 'so' and so 's' and 'of somebody or something'; and

(c) The forms **–ote** 'all' and **–o –ote** 'any'

Both the possessive items in (a), the **–a** element in (b) and the quantifier **–ote** in (c) are preceded by the Pronominal Prefixes as shown in the examples below:

Kitabu ch-angu 'my book'
Nyumba y-angu 'my house'

Kitabu ch-a John 'John's book'
Nyumba y-a Mwalimu 'Teachers' house', etc.
Mayai y-ote ya-me-vunjika 'all eggs are broken'

The Pronominal Prefixes involved in these examples are **ki-/ch-** of class 7, **i-** of class 9 and **ya-** of class 6. The forms **cho chote, po pote**, etc, also show the involvement of Pronominal Prefixes of classes 7 and 16, respectively, to produce the terms translating as 'any'. In this language, the Pronominal Prefixes also precede the interrogative **–pi** element used to ask 'which'. For example, **kikombe ki-pi** 'which cup', **mtu yu-pi** 'which person', etc.

Lastly, it should be noted that Table 1 above lists three Pronominal Prefixes for class 1. The prefixes serve different functions. For example, prefix **a-** functions as an SP to verbal patterns while prefix **u-** operates with the possessive forms. The prefix **yu-**, on the other hand, mostly operates with the demonstrative elements to be discussed in the next lesson. The Pronominal Prefixes **a-** and **u-** operate with the verbal and possessive forms as shown in the examples below:

mtoto a-na-lia
'the child is crying'
mtoto w-angu
'my child'
mtoto w-a mwalimu
'teacher's child'

(The Pronominal Prefix **a** - being referred to here is similar to the **a** - that functions as SP for third person singular).

And, as a final remark, Kiswahili nouns may also appear with the suffix **-ni** to express a prepositional 'locative' sense. For example,

chumba-ni 'in the room'
mji-ni 'in town'
kitanda-ni 'in/on bed', etc.

These noun forms have equivalent alternative constructions involving the prepositions **katika** or **kwenye** 'in'/'on'/'at' in, for example:

katika chumba	'in the room'
kwenye mji	'in town'
katika kitanda	'in/on bed', etc.

A. *Sarufi*

In this lesson various grammatical aspects of Kiswahili nouns have been discussed. These include noun forms, their groupings and their agreement patterns with other categories such as adjectives, verbs and possessive elements in a sentence. Some details of categories such as adjectives and possessive elements have also been provided. The main aim of the lesson has been to emphasize the fact that, in this language, grammatical expressions are determined by proper agreement patterns between nouns and other categories in sentence structure.

The conversation in this lesson also produced examples of "passive" verb patterns such as **i-me-jeng-w-a** 'it is/has been built' and 'subjunctive' ones such **tw-end-e** 'let us go'. Other examples of such verb patterns had already appeared in Lessons One and Three. These verbal patterns will be treated in the next lessons.

B. *Msamiati*

(Other household items)

bafu	'bathroom'
sebule	'verandah'
kiberiti	'match'
kinu	'mortar' (wooden container for pounding grain)
mchi	'pestle' (stick for pounding grain)
sinia	'metal food tray'
mwiko	'large wooden spoon'
bakuli	'bowl'
kijiko	'fork'
sahani	'plate'

C. Mazoezi

(i) Jibu maswali haya
(a) Leo ni tarehe ngapi? _____
(b) Unaweza kusema lugha ngapi? _____
(c) Una viti vingapi nyumbani kwako? _____
(d) Je rafiki yako ana gari jeupe? _____
(e) Je, unaujua mlima mrefu kuliko yote Africa? _____
(f) Marekani ina mikoa mingapi? _____
(g) Unafundishwa na walimu wangapi? _____
(h) Je unakumbuka jina la rafiki yako? _____
(i) Je, una kaka? Anaitwa nani? _____

(ii) Fanya sentensi hizi kuwa wingi (Make these sentences plural)
(a) Mtoto wake mdogo analala _____
(b) Kiti chako chekundu kimeanguka _____
(c) Chumba kimoja kidogo kimefungwa _____
(d) Godoro moja pana limepasuka _____
(e) Kalamu yangu ndefu imepotea _____
(f) Sikioni kitabu changu cheusi _____
(g) Tanzania kuna Chuo Kikuu kimoja _____
(h) Embe lako kubwa limeoza _____
(i) Mlango mrefu mweupe umefunguliwa _____
(j) Amefumba jicho lake la kushoto _____

(iii) Fanya sentensi hizi kuwa umoja
(a) Vitabu vyao vikubwa vimepotea _____
(b) Wamenunua nyumba zetu nne _____
(c) Tumewapa mananasi madogo tisa _____
(d) Mtatuletea machungwa mengi matamu _____
(e) Tuliwanunulia watoto zawadi nyingi _____
(f) Kuna mito mikubwa minane barani Africa _____
(g) Miti mirefu kumi na miwili imeanguka njiani _____
(h) Madaraja yote matano yamebomoka _____
(i) Viwanda viwili vya sukari vimefungwa _____
(j) Vyoo vyote vitatu vimeharibika _____

(iv) Jaza nafasi zilizoachwa wazi (Fill in the blank spaces)
(a) *(We invited them)* nyumbani _____
(b) Amenunua *(six new motorcycles)* _____
(c) Simpendi *(because)* ni mlevi _____
(d) Kikombe *(belongs to)* mwalimu _____
(e) John na Mary *(had)* viatu _____
(f) *(When he saw me)* alifurahi *(very much)* _____
(g) Tumewanunulia *(four white eggs)* _____
(h) Afrika *(there are)* misitu *(thick)* _____
(i) *(We don't want)* kuwaona *(the day after tomorrow)*.

D. Mazoezi ya Kusoma

I

Barani Afrika kuna wanyama wengi. Kuna wanyama kama **simba, chui, tembo, vifaru, nyati, fisi, paa, sokwe, sokwe mtu, nyani, twiga** na kadhalika. Pia kuna **nyoka** wa **aina** nyingi kama vile **chatu, kifutu, swira** na kadhalika.

Simba ni wanyama wakali na wenye nguvu. Simba mmoja anaweza kumuua mnyama mmoja mkubwa peke yake. Lakini mara nyingi simba huwinda pamoja.

Tembo ni wanyama wakubwa kuliko wanyama wengine. Wana rangi ya **kijivu** na **nyeusi**. Tembo wanatembea na kula pamoja. Wanakunywa maji kwa kutumia mikonga yao. Tembo nao wana nguvu sana. Tembo mmoja anaweza **kung'oa** mti mkubwa mrefu.

II

Siku ya Jumamosi tulikwenda sokoni Kariakoo. Tulikwenda kununua vyakula na vitu vingine. Tulikwenda na mke wangu na watoto wetu wawili.

Tulipofika sokoni tulikuta vitu vingi sana. Kulikuwa na **matunda** kama **machungwa, mapera, mananasi, mapapai, ndizi malimau, ndimu, ukwaju, ubuyu** na kadhalika, Katika sehemu nyingine ya soko kulikuwa na **mboga, mihogo, viazi vitamu, viazi mviringo, maghimbi** na kadhalika.

Mke wangu alitaka kununua matunda na mboga. Matunda **yaliuzwa** kwa **fungu**. Fungu moja la **machungwa** makubwa lilikuwa shilingi hamsini na tano. Fungu la machungwa madogo lilikuwa shilingi thelathini na nane. Mboga pia ziliuzwa kwa mafungu. Fungu moja la mchicha lilikuwa shilingi kumi na moja. Tulinunua mafungu sita ya machungwa makubwa na mafungu manne ya mchicha. Tulilipa jumla ya shilingi mia tatu sabini na nne. Vitu vingine kama vile mapapai, mananasi na ndizi viliuzwa moja moja. **Samaki** waliuzwa kwa **kilo**. Baada ya kutembelea sehemu zote za soko, tuliamua kununua pia viazi vitamu, viazi mviringo na kilo nne za samaki. Tulirudi nyumbani na **mzigo** mkubwa wa vitu **mbalimbali**.

(i) Msamiati

simba	'lion'	nguvu	'strength' 'power'
chui	'leopard'	fungu	'small pile' (or stack)
tembo	'elephant'	chungwa	'orange'
kifaru	'rhinoceros'	nanasi	'pineapple'
nyati	'buffalo'	papai	'pawpaw'
fisi	'hyena'	limau	'lemon'
paa	'gazelle'	ndimu	'lime'
nyumbu	'wildbeest'	ukwaju	'type of tropical fruit'
nyani	'baboon'	ubuyu	'boabab fruit'
sokwe	'chimpazee'	mhogo	'cassava'
sokwemtu	'gorilla'	kiazi kitamu	'sweet potato'
twiga	'giraffe'	maghimbi	'yams'
chatu	'python'	samaki	'fish'
kifutu	'puff-adder'	kilo	'kilogram'
swira	'cobra'	mzigo	'load', 'luggage'
mkonga	'trunk'	mke	'wife'
rangi	'colour'	sehemu	'part', 'section'
jivu	'ash', 'gray'	amua	'decide'
aina	'type', 'kind'	winda	'hunt'
jumla	'total'	mbalimbali	'various'

Kiswahili for Beginners

ng'oa	'pluck'	**mnyama**	'animal'
uza	'sell'	**kuliko**	'than'
ua	'kill'	**oza**	'rot'

(ii) Tafsiri I kwa Kiingereza
(iii) Geuza II katika wakati ujao
 (Turn II into future tense)

SOMO LA SABA
(Lesson 7)

SHULENI

The main aim of this lesson is to introduce demonstrative categories in Kiswahili. The demonstratives are categories such as the English language forms 'this', 'these' and 'that', 'those' which are used to locate a noun or nouns in proximity and non-proximity situations, respectively. In Kiswahili the formation of such categories involves the Pronominal Prefixes seen previously as makers of agreement between nouns and a number of other categories. This means that, in this language, there are as many demonstrative forms as there are noun-classes. Furthermore, Kiswahili also has a third set of demonstrative categories referred to as the 'referential'. These locate nouns being referred to in discourse.

In the conversation below focused on a school situation, there are shown examples of various demonstrative forms described above:

A. **Musa, unakwenda wapi sasa?**
B. **Ninakwenda shuleni.**

A. **Nionyeshe shule yenu**
B. **Ile ni shule yetu.**

A. **Kuna nini shuleni leo?**
B. **Kuna michezo shuleni.**

A. Musa, huyu ni nani?
B. Huyu ni rafiki yangu Hamisi. Tunasoma naye darasa la tano.

A. Hii mizigo ni ya nani?
B. Huu (mzigo) hapa ni wangu, na ule pale ni wa huyu rafiki yangu.

A. Mnaipeleka wapi?
B. Tunaipeleka shuleni.

A. Je, mnamfahamu yule mwalimu anayeitwa Jackson?
B. Ndiyo, tunamfahamu. Yeye ni mwalimu wetu. Ndiye tunayempelekea hivi vitabu.

A. Basi, huyo mwalimu ni rafiki yangu mkubwa sana. Anatoka kule Musoma. Naomba mkifika mmpe salamu zangu.
B. Vizuri. Tutakumbuka kumpa salamu zako.

Notes

In the conversation pattern above, the demonstrative forms **huyu** and **huu** express 'this' for nouns of class 1 and class 3, respectively. The demonstrative form **hii**, on the other hand, expresses 'these' for nouns of class 4. Other demonstrative forms appearing in the conversation include **ile, pale, yule** and **huyo**. Of these, the form **ile** expresses 'that' for nouns of class 9 while the forms **pale** and **yule** each expresses 'that' for nouns of class 16 and class 1, respectively. The form **huyo**, on its part, is a referential demonstrative expressing 'the noun of class 1 being referred to'.

The formation of various demonstrative categories such as those mentioned above seems to follow certain definite rules. For example, the formation of all demonstrative categories that locate nouns in proximity (that is to say those expressing 'this' or 'these') follows the rule below:

h + Vowel of Pronominal Prefix + Pronominal Prefix

In accordance with this rule patterns, a noun of class 1, for example, whose Pronominal Prefix is **yu**, will take the form below:

h + u + yu-> huyu 'this'

Similarly, its plural counterpart, belonging to class 2 whose Pronominal Prefix is **wa** becomes:

h + a + wa ⟶ hawa 'these'

The demonstrative categories locating nouns in non-proximity (that is to say, those expressing 'that' and 'those'), on the other hand, are formed according to the rule below:

Pronominal Prefix + le

Thus, for a noun of class 3, for example, whose Pronominal Prefix is **u**, a non-proximity demonstrative will take form:

u + le ⟶ ule 'that'

Its plural counterpart for nouns of class 4 whose Pronominal Prefix is **i**, takes the form:

i + le ⟶ ile 'those'

The referential demonstrative categories are, on their part, formed through a rule more or less similar to that of proximity demonstrative with the right most component appearing with a referential **o** element as shown below:

h + Vowel of Pronominal Prefix + Pronominal Prefix + o

This leads to the formation of structures such as **huyo** shown above to express the noun of class 1 being referred to.

The discussion above on demonstrative category formation in Kiswahili implies that in this language there are three types of demonstratives for each noun-class as is illustrated below:

Class 1: **Mtu huyu** / **mtu yule** / **mtu huyo**
      'this person'   'that person   'the person being referred to'

Class 2: **watu hawa** / **watu wale** / **watu hao**
      'these persons' 'those persons 'persons being referred to', etc.

And, in this language, a demonstrative category may precede or follow noun.

Kiswahili for Beginners

To enable a quick reference to various demonstrative forms discussed above, Table II displays a full list of such categories in Kiswahili.

Table II: *Demonstratives in Kiswahili*

Noun class	Noun example	Proximity	Non Proximity	Referential
1. M-	m-tu	**huyu**	yule	**huyo**
2. WA	wa-tu	**hawa**	wale	**hao**
3. M-	m-ti	**huu**	ule	**huo**
4. Ml-	mi-ti	**hii**	ile	**hiyo**
5. Ji/Ø-	ji-cho	**hili**	lile	**hilo**
6. MA-	ma-cho	**haya**	yale	**hayo**
7. KI-/CH-	ki-ti	**hiki**	kile	**hicho**
8. VI-/VY-	vi-ti	**hivi**	vile	**hivyo**
9. N-/ Ø-	ngoma	**hii**	ile	**hiyo**
10. N-/ Ø-	ngoma	**hizi**	zile	**hizo**
11/14 U-	u-kuta	**huu**	ule	**huo**
10. N-/Ø-	kuta	**hizi**	zile	**hizo**
15. KU-	ku-imba	**huku**	kule	**huko**
16. PA-	mahali	**hapa**	pale	**hapo**
17. KU-	mahali	**huku**	kule	**huko**
18. M(U)	mahali	**humu**	mle	**humo**

The conversation above also displays, once again, the subjunctive verbal structural patterns such as **ni-onyeshe** 'show me' and **m-m-pe** 'you (pl) give her/him'. Such verbal patterns had surfaced previously as patterns **ukae** 'you (sg), should have a seat' in Lesson 3 and **twende** 'let us go' in Lesson 6. These forms represent another basic construction type in Kiswahili whose verbal structural pattern can be formally presented as follows:

SP + (OP) + Verb-e

In this structural pattern the SP and the OP slots are filled by prefixes representing persons or other nouns as discussed in Lessons 4, 5 and 6.

The right most slot may also be filled by any verb. However, such a verb will normally bear a final **e** suffix. Known in grammar, generally, as 'wishing form', the verbal structural pattern above does not normally involve any tense markings.

The subjunctive verbal structural form under consideration here is negated as follows:

SP + si + (OP) + Verb-e

For example:

(u)-ni-onyeshe	→	**u-si-ni-onyeshe**
'you (sg) show me'		'you(sg) shouldn't show me'
m-m-pe	→	**m-si-m-pe**
'you (pl) should give her/him'		'you (pl) shouldn't give her/him'
u-ka-e	→	**u-si-kae**
'you (sg) should sit'		'you (sg) shouldn't sit'
tu-ende	→	**tu-si-ende**
'let us go'		'we shouldn't go', etc.

The negation pattern above is also used to negate the imperative verbal constructions such as:

soma	→	**u-si-some**
'you (sg) read'		'you (sg) shouldn't read'
some-ni	→	**m-si-some**
'you (pl) read'		'you (pl) shouldn't read'

Finally, this lesson has also introduced 'relative clause' forms **a-na-ye-itwa** 'who is called' and **tu-na-ye-m-pelekea** 'to whom we are to deliver'. In these verbal structural patterns, the forms 'who'; and 'whom' are represented by prefix **-ye-**. This element is among a list of noun-class related prefixes used in forming relative clauses in Kiswahili. In grammar, a 'relative clause' is a sentence-like category functioning as a noun attribute. A more detailed discussion of these elements will be undertaken in the Intermediate Stage Lessons.

A. Sarufi

This lesson has mainly dealt with demonstrative category formation in Kiswahili. It has also introduced the subjunctive verbal structural patterns and their negation. An example, of a relative clause form has also appeared for the first time in this lesson. There has also surfaced a 'conditional' prefix **ki** used to express 'if'.

B. Msamiati

onyesha	'show'	**shule**	'school'
peleka	'deliver'	**darasa**	'class'
pelekea	'deliver to'	**mzigo**	'load', 'luggage'
fahamu	'know'	**salamu**	'greetings'
omba	'beg', 'ask', 'pray'	**michezo**	'games'

C. Mazoezi

(i) Jibu maswali haya
(a) Je, unamfahamu yule mtu mrefu?
(b) Je, unaweza kuwanunulia watoto wako vile vitu vidogo vya kuchezea?
(c) Milango ya nyumba hii ina rangi gani?
(d) Je unaweza kupanda mnazi mrefu kabisa?
(e) Je, unapenda machungwa makubwa matamu au ndimu ndogo chungu?
(f) Humu darasani kuna vyombo gani?
(g) Lile darasa lenu la Kiswahili lina wanafunzi Wamarekani wangapi?
(h) Chumba chako kina viti, vikombe na visu vingapi?
(i) Je, unaweza kumwandikia rafiki yako barua mbili ndefu kwa Kiswahili?
(j) Je nauli ya kwenda mjini na kurudi kwa basi ni shilingi ngapi?
(k) Je, una viatu vya ngozi vyeusi?

(ii) Kanusha
(a) Anayapenda yale mapera matamu
(b) Ondokeni hapa

(c) Kaa kwenye kile kiti kirefu _____
(d) Tutaviuza vile vikombe vyekundu vyote _____
(e) Wale vyakula hivi vyote _____
(f) Mtungoje mpaka tufike _____
(g) Anywe ile chai ya moto _____
(h) Kutakuwa na watu wengi hapa _____
(i) Alikuwa mwalimu mzuri sana _____
(j) Wapewe yale magodoro yote _____

(ii) Fanya sentensi hizi kuwa wingi
(a) Yule Mmarekani mmoja ameondoka _____
(b) Anapenda kununua shati jeupe dogo _____
(c) Ule mlango wa nyumba yake haufunguki _____
(d) Huyu mtoto hataki kunywa maziwa baridi _____
(e) Hili yai kubwa jeupe linaweza kupasuka _____
(f) Ile kalamu yake nyeusi haiandiki _____
(g) Huu msitu mnene una mnyama mmoja tu _____
(h) Aliniambia ataniletea embe moja bivu _____
(i) Yule simba mkali amemuua fisi mmoja mdogo _____
(j) Anafikiri anaweza kuruka mita moja _____

(iv) Fanya sentensi hizi kuwa *umoja*
(a) Wale tembo wawili wameangusha miti mirefu kumi na mitatu _____
(b) Hawa wanafunzi hawapendi kuwaandikia rafiki zao _____
(c) Haya mafungu ya mchicha yamenunuliwa na wale Waarabu _____
(d) Ile mizigo yao ni mikubwa na mizito _____
(e) Tulivinunua vile vyungu vyeusi sokoni _____
(f) Zile ngoma nzito zitapasuka _____
(g) Hivyo viti vipya havina mito _____
(h) Wale wazungu watatu wameingia vyumbani mwao _____
(i) Tusile vile vyakula vibovu _____
(j) Wasilale kwenye yale magodoro machafu _____

(v) Jaza nafasi zilizoachwa wazi
(a) Vijiko (*those, new, clean*) vimenunuliwa _____
(b) Wamevunja sahani (*our three white*) _____

Kiswahili for Beginners

(c) Walitukaribisha (*in their new nice house*) _____
(d) Tunatarajia (*to visit*) mama (*in the village*) _____
(e) (*You (pl) will take those*) vitabu vyetu _____
(f) Chakula (*that small one will suffice him*) _____
(g) Ametuma barua (*to her two best friends*) ng'ambo _____
(h) Nitampelekea baba viberiti (*these, six new*) _____
(i) (*Those two red*) viatu (*are lost*) _____
(j) Masikio (*her two have*) ereni _____

D. Mazoezi ya Kusoma na Kuandika

I: Mwili wa mtu

Mtu ana kichwa kimoja, masikio mawili, pua, midomo, shingo, mabega, kifua, tumbo, kiuno na mapaja. Pia ana mikono miwili, miguu miwili, vidole kumi vya mikono, vidole kumi vya miguu, kucha, viganja na nyayo. Kichwani ana nywele, usoni ana mashavu na kope za macho na kinywani ana meno na ulimi.

Mtu hutafuna chakula kwa meno yake. Baada ya kutafunwa kwa meno kinywani, chakula hicho humezwa kupitia kooni hadi tumboni. Kutoka tumboni chakula na maji huingia mwilini kupitia katika mishipa ya damu. Mwili wa mtu unapopata joto kutokana na kazi au hali ya hewa hutoa jasho.

II: Misitu ya Afrika

Katika maeneo yake ya Ikweta na katika nyanda zake za juu, Afrika inayo misitu mingi minene. Misitu hii ina miti mikubwa na aina nyingine nyingi za mimea. Misitu hii pia ina wanyama wa aina mbalimbali, wakubwa kwa wadogo.

Maeneo ya Ikweta na yale ya nyanda za juu hupata mvua nyingi sana. Mvua hizi ndizo husaidia mimea na miti kukua kwa haraka. Mimea na miti nayo husaidia kuhifadhi unyevu ardhini. Hii hufanya mimea iongezeke na miti kuwa mirefu na mikubwa.

Misitu hii pia ina aina maarufu za miti duniani. Miti ya Afrika yenye umaarufu zaidi ni mipingo, mininga, mivule na mikangazi. Katika misitu hii pia kuna mimea na miti ianyotoa dawa za tiba. Kutokana na umaarufu wake, miti na mimea kama hii sasa inakatwa ovyo kwa ajili ya biashara. Kutokana na kukatwa huku, misitu mingi imeanza kupungua. Hii inaathiri upatikanaji wa mvua katika maeneo mengi ya bara hili. Upungufu wa mvua unaathiri kilimo na maisha ya watu, wanyama na mimea.

(i) Orodhesha msamiati mpya na kuitafsiri
(*List and translate new vocabulary*).

(ii) Tafsiri I na II

(iii) Andika tungo fupi juu:
(*Write a short composition on*)
(a) Safari yako Afrika.
(b) Maisha katika nchi yako.

SOMO LA NANE
(Lesson 8)

MAELEKEZO

This lesson mainly focuses on the 'locative' copular forms used in Kiswahili to express the equivalents of English language *to be at a place*. These are the categories upon which expressions such as 'I am here', 'She is in the room', 'They are outside', etc. are based.

In Lesson Four it was mentioned that the 'locative' copular forms together with their 'possessive' and 'qualitative' counterparts occur as they do only in present tense. In other tenses, all of them become the finite verb **kuwa** 'to be' which operates in regular verbal structural patterns treated in previous lessons. Just as a reminder, the 'possessive' copulars are the forms expressing 'to have' while the 'qualitative' copular expresses 'is' or 'are' followed by adjective.

In Kiswahili a 'locative' copular category is formed by either a Pronominal Prefix only or a combination of a Pronominal Prefix and one of the three referential 'place' elements **po, ko** or **mo**. These latter are a set of classes 16, 17 and 18 referential prefix elements used to express 'specific', 'general' and 'within' place senses, respectively. Grammatically, the 'locative' copulars express 'is' or 'are' just as the 'qualitative' **ni** copular mentioned above. The main difference between these two copular forms is that the former precedes 'place' references while the latter precedes adjectival forms.

The conversation below shows constructions bearing various 'locative' copular categories. Such categories are presented as a Pronominal Prefix and a bracketed referential place element. The bracketing of the latter indicates its optional occurence.

(8a)
A. Juma, wapi kitabu chako?
B. Kitabu changu ki(po) chini ya kiti

A. Na kalamu yako i (ko) wapi?
B. Kalamu yangu i(po) chini ya kiti.

A. Juma, wazazi na ndugu zako wa(ko) wapi sasa?
B. Baba na mama wa(po) pale nje ya lile gari. Kaka yangu yu(po) mbele ya gari. Dada yu(po) nyuma ya gari. Lakini mjomba na shangazi wa (mo) ndani ya gari.

A. Juma, nani amesimama upande wako wa kushoto?
B. Aliyesimama upande wangu wa kushoto ni Musa. Na kulia kwangu yu(po) Asha.

A. Mdogo wako Hamisi amekaa wapi?
B. Mdogo wangu Hamisi amekaa kati ya John na Peter pale katikati ya ukumbi huu. Na Maria yu(po) kando ya Hamisi.

A. Je, Juma, Tanzania i(ko) upande gani wa Kenya?
B. Tanzania i(po) kusini mwa Kenya.

Notes
It should be noted that each of the locative copular categories in the conversation above is composed of a Pronominal Prefix and an optional referential place element. Either of these locative copular category forms express 'be' in present tense, that is to say, 'is' or 'are'. However, each of the elements involved in the locative copular category formation, also has

other functions. The Pronominal Prefix element, for example, also specifies the noun forms involved while the referential place elements specify the place senses they bear.

Concerning the three referential place elements, it should be noted further that, while their occurrence is optional as indicated, they have, practically, become increasingly obligatory in certain situations. For example, locative copular forms involving the Pronominal Prefix **wa** of class 2 are hardly heard without the referential place elements. Secondly, among these elements, it is the **ko** form (= the bearer of 'general' place sense) which is used in question constructions. And thirdly, the presence of referential place element in the locative copular form does not eliminate the need for substantive locative categories such as **hapa** 'here', **pale** 'there', **ndani ya** 'inside', **nje ya** 'outside', **kando ya** 'beside', etc. in a sentence. These categories must still appear as displayed by constructions in the conversation above.

The conversation pattern above also itnroduces some personal relationship terms and compass directions. The personal relationship terms appearing in the conversation are **baba** 'father', **mama** 'mother', **kaka** 'brother', **dada** 'sister', **mjomba** 'uncle' and **shangazi** 'aunt'. It is important to note, however, that the Kiswahili terms **mjomba** and **shangazi** are strictly confined to 'mother's brother' and 'father's sister', respectively. Father's brothers are all referred to as **baba** 'father' and may be distinguished as **baba mkubwa** 'father's elder' **and baba mdogo** 'father's junior. The term **mdogo** is also used to refer to younger brother or sister as with **mdogo wangu** 'my young brother, sister' in the conversation. Similarly, **mama mkubwa** refers to mother's elder sister and **mama mdogo** to her younger sister. Other personal relationship terms include **babu** 'grandfather', **nyanya/bibi** 'grandmotehr', **mjukuu** 'grandson/daughter', **binti** 'daughter', **baba mkwe** 'father in law', **mama mkwe** 'mother in law' **shemeji** 'sister or brother in law' and **wifi** a reference by wife to her husband's sister and vice versa. Further references to persons include:

mwana (m) ume	'man'	**wanaume**	'men'
mwanamke	'woman'	**wanawake**	'women'
msichana	'girl'	**wasichana**	'girls'

mvulana	'boy'	wavulana	'boys'
bwana	'Mr'	mabwana	'gentlemen'
bibi	'Mrs.', 'Lady'	mabibi	'Ladies'
mzee	'old man' (title of respect)	wazee	'old men'
bi	'miss'		
-a kike	'feminine'		
-a kiume	'masculine'		

In the conversation in (8a), only one compass direction –**Kusini** 'south' – is mentioned. Others include **Kaskazini** 'north', **Magharibi** 'west' and **Mashariki** 'east'

The various categories appearing in this lesson such as the 'locative' copular forms, other locative references and compass or other directions are used extensively, in this language, to give or receive instructions or directions. This is the basis for the lesson title **Maelekezo** 'instructions', 'directions' which is derived from the verb forms **elekea** 'face' and **elekeza** 'instruct', 'direct'. So, as a step to add weight to this title, we provide below another conversation pattern displaying other forms of instructions/ directions.

(8b)
A. Pinda kulia.
B. Nipinde kulia?

A. Ndiyo, pinda kulia.
B. Nipinde kushoto?

A. Hapana usipinde kushoto. Pinda kulia na uende moja kwa moja.

A. Geuka nyuma
B. Ninageuka nyuma

A. Geuza kitabu chako
B. Ninageuza kitabu changu.

Kiswahili for Beginners

A. Elekea kusini
B. Nielekee kaskazini?
A. Hapana usielekee kaskazini. Elekea kusini.

Finally the 'locative' copulars are negated with **ha** or **si** elements as shown previously with other copular and verbal forms.

A. Sarufi

This lesson which concludes the Beginner's Stage of Kiswahili language instruction has mainly dealt with the 'locative' copular category. It has been shown that the formation of this particular category also involves the Pronominal Prefixes. These are noun-class related prefix elements seen in previous lessons to co-occur with a number of other categories in sentence structure. This function of the Pronominal Prefixes underscores, once again, the relevance of noun-class related features in grammatical category formations in Kiswahili.

B. Msamiati

juu	'up'	**upande**	'side'
juu ya	'above' 'about', 'over'	**kushoto**	'left'
chini	'down'	**kulia**	'right'
chini ya	'under', 'beneath', 'below'	**elekea**	'face'
mbele	'front', 'forward'		
mbele ya	'in front of'		
nyuma	'back'		
nyuma ya	'behind'		
ndani	'in'		
ndani ya	'inside'		
kati	'in between'		
kati ya	'between'		
katikati	'middle'		
katikati ya	'in the middle of'		
pinda	'turn' (of something in motion)		
geuka	'turn' (of something static)		
geuza	'turn something' (lit, 'cause to turn').		
moja kwa moja	'straight ahead/forward'		

C. Mazoezi

(i) Jibu maswali haya
(a) Ulikuwa wapi jana jioni? _____
(b) Watoto wako wako wapi sasa hivi? _____
(c) Vile vijiko vitano vipya vya mama viko wapi? _____
(d) Lile gari lake jeupe liko wapi siku hizi? _____
(e) Yale magodoro mapya manene yako chumba kipi? _____
(f) Wale vijana watatu warefu watakuwa wapi kesho asubuhi? _____
(g) Iko wapi ile saa yako yenye rangi ya dhahabu? _____
(h) Vile viko vya babu na bibi viko kwenye kibanda kipi? _____
(i) Mipingo iko sehemu gani kwa wingi Afrika? _____
(j) Mbuga za Serengeti ziko upande gani nchini Tanzania? _____
(k) Masikio yako yako wapi? _____

(ii) Kanusha sentensi hizi
(a) Watoto wake wamo humu ndani _____
(b) Tutakuwa mjini hadi jioni _____
(c) Vile viatu vyangu nyeusi viko nje _____
(d) Mdogo wangu yupo upande wangu wa kulia _____
(e) Nyumba yetu iko mtaa huu _____
(f) Uwanja wa mpira upo mashariki mwa mji huu _____
(g) Waalimu wapo mbele ya darasa _____
(h) Wanafunzi wapo nyuma ya bweni _____
(i) Wasichana wale ni wazuri _____
(j) Wavulana hawa wana vitabu _____

(iii) Fanya sentensi hizi kuwa *wingi*
(a) Kile kiti cha babu hakipo hapo _____
(b) Ua lile zuri lipo juu ya kabati _____
(c) Taa kubwa ya gari ipo upande wa mbele _____
(d) Ile kalamu mpya ya mwalimu imo mfukoni mwake _____
(e) Chumba changu kipo Bweni Nambari Tatu _____
(f) Kitanda changu kipo karibu na mlango _____
(g) Sanduku la mama lipo chini ya meza _____

(h) Rafiki yangu yupo upande wa kusini _____
(i) Hii meza ipo katikati ya ukumbi _____
(j) Pete yake ipo katika kidole chake cha pete _____

(iv) Fanya sentensi hizi kuwa *umoja*
(a) Radio zao zimo ndani ya makabati _____
(b) Mabasi hayapo leo _____
(c) Zile nyanya kubwa zipo sokoni _____
(d) Watoto wangu watakuwa michezoni keshokutwa _____
(e) Milango yote ya nyumba zile ipo pande za mbele _____
(f) Madirisha haya yapo juu sana _____
(g) Tutakuwa madarasani _____
(h) Nyasi zipo mbugani _____
(i) Majani ya miti yapo matawini _____
(j) Mizizi ya mimea imo ardhini _____

(i) Jaza nafasi zilizoachwa wazi
(a) Mtoto wake amesimama (*on his right side*) _____
(b) Wale wazee (*are on top of*) ukuta _____
(c) Jicho lake la kulia (*is*) jekundu _____
(d) Jino lake jeupe (*is*) kinywani _____
(e) (*We will be*) sokoni kesho asubuhi _____
(f) (*They were below that*) mlima _____
(g) Mozambique (*is in the south of*) Tanzania _____
(h) Kilimanjaro (*is to the north of*) Tanzania _____
(i) Ziwa Victoria (*is in*) nchi tatu za Afrika Mashariki _____
(j) Ziwa Tanganyika (*is between*) Kongo na Tanzania _____

(ii) Tafsiri habari hii kwa Kiswahili
One day a lion was sleeping. He left his mouth open. When the snake came by, he thought this was a cave. He decided to go in. When the lion woke up his stomach was very heavy. He called all animals to help him. The hare told him that his grandfather could treat him.

The hare's grandfather was called. He agreed to come and treat the lion. He went to the forest, caught a rat and brought it in front of the lion.

He told the lion to open his mouth. Then the rat was put near the lion's mouth. The hare's grandfather pinched the rat. The rat cried. When the snake heard the rat crying, he got out of the lion's mouth fast. The hare's grandfather left the rat, and it ran away. The snake chased it. The lion recovered.

D. Mazoezi ya Kusoma na Kuandika

(i) (a) Utamaduni wa Kiafrika

Waafrika hawatambuliwi kwa rangi yao ya ngozi tu bali pia kwa vipengee mbalimbali vya utamaduni wao. Utamaduni wa jamii yoyote ile unajumuisha mambo mengi. Baadhi ya mambo hayo ni kama taratibu za kupata, kuhifadhi na kuandaa vyakula; taratibu za ndoa, uzazi, malezi na mazishi; taratibu za mahusiano baina ya makundi mbalimbali katika jamii; mkusanyo wa dhana, imani na fikra zinazoiunganisha jamii na mazingira yake; sanaa mbalimbali kama vile za maonyesho, za kujieleza, za kujitambulisha, za usanifu majenzi na ufundi wa kutengeneza vifaa ambavyo jamii inavihitaji. Waafrika wanazo namna zao za mambo haya yote na mengine mengi. Mambo kama haya ndiyo huwabainisha Waafrika na jamii nyingine duniani.

Toka karne hadi karne na toka kizazi hadi kizazi, vipengee mbalimbali vya utamaduni wa Kiafrika vimeshamiri na kurithishwa. Ama kwa hakika, misingi imara ya kiutamaduni ndiyo imewawezesha Waafrika kustahimili dharuba zote kali za kihistoria na kudumu kama jamii hadi leo hii. Kwa jinsi hii utamaduni ndio, hasa, roho ya jamii yoyote ile.

Katika historia yao ndefu, roho hii ya jamii ya Waafrika imewahi kutishiwa na dharuba nyingi kali. Mojawapo ya dharuba hizi ni uvamizi wa Waafrika na mataifa hasa ya Bara Arabuni na Ulaya. Wavamizi hawa, ni dhahiri walitambua kwamba pamoja na silaha zao kali za kivita, walihitaji pia silaha nyingine ambayo ingebomoa kabisa roho ya jamii waliyoivamia. Hivyo, katika uvamizi wao, wageni hawa waliandamana pia na vipengee vya tamaduni zao walivyovieneza kwa njia ya dini zao na kwa mifumo yao ya elimu. Kwa kutumia silaha hizi, wavamizi hawa waliwapata na kuwaandaa wafuasi waaminifu miongoni mwa Waafrika. Na kwa bahati mbaya kwa Waafrika, wafuasi hawa ndio waliorithi mamlaka ya kisiasa wakati wa uhuru.

Kwa hiyo, toka nchi za Kiafrika zipate uhuru wa bendera, mambo mengi yameendelea kama alivyokuwa wakati wa ukoloni. Kwingineko yamekuwa mabaya zaidi. Kwa kiasi kikubwa hii imetokana na ukweli kwamba watawala wa nchi hizi, ambao wote ni mazao ya mifumo ya elimu na imani za kikoloni, wameendelea kushirikiana na wakoloni na mashirika ya dini za kigeni kuupiga vita vikali Uafrika na amali zake. Hii imewaacha Waafrika kuwa ndio jamii pekee duniani ambayo vipengee vyake vya kiutamaduni vimenyimwa nafasi katika sera za mataifa yake na katika mifumo rasmi ya elimu ya watu wake.

(b) Msamiati

nyasi	'grass'	**uvamizi**	'invasion'
majani	'leaves;	**ukoloni**	'colonialism'
mzizi	'root'	**mtawala**	'ruler'
tawi	'branch'	**bendera**	'flag'
mmea	'plant'	**uhuru**	'independence'
ardhi	'earth', 'land'	**vita**	'war'
nyoka	'snake'	**amali**	'values'
pango	'cave'	**baadhi**	'some'
tumbo	'stomach'	**miongoni**	'among'
sungura	'hare', 'rabbit'	**acha**	'leave
utamaduni	'culture'	**tibu**	'treat'
kundi	'group'	**pona**	'recover'
sanaa	'art'	**fukuza**	'chase'
onyesho	'a show', 'plot'	**tambua**	'recognise'
utaratibu	'procedure', 'order'	**finya**	'pinch'
ndoa	'marriage'	**eleza**	'explain
uzazi	'birth'	**hifadhi**	'preserve'
malezi	'upbringing'	**andaa**	'prepare'
msingi	'foundation'	**ng'amua**	'realize'
dharuba	'storm', 'a blow'	**unganisha**	'link'
jamii	'society'	**zaa**	'give birth'
roho	'spirit'	**lea**	'upbring', 'nurture'

kifaa	'equipment'	kusanya	'gather', 'collect'
Bara Arabuni	'Arabia'	stahimili	'endure'
Ulaya	'Europe'	bainisha	'distinguish'
uafrika	'Africanism'	tishia	'threaten'
mfuasi	'follower'	vamia	'invade'
ukweli	'truth'	tawala	'rule'
kweli	'true'	andamana	'demonstrate'
bomoa	'to break down'	andamana na	'carry along'
eneza	'spread'	shirikiana	'cooperate'
nyima	'deprive'	fuata	'follow'
zao	'crop', 'produce'	dumu	'last'
silaha	'weapon'	ufundi	'craftsmanship'

(ii) Andika tungo fupi juu ya habari uipendayo (*Write a composition on any topic you like*).

APPENDIX 1

ENGLISH LANGUAGE TRANSLATIONS OF CONVERSATIONS

(1a)

A. How is it? (literally: What is the news?)
B. It is alright. (lit: The news is good).

A. How are you? (lit: Isn't there any matter with you?)
B. I am fine. (lit: There isn't any matter with me).

A. How are you getting on? (lit: How are you progressing?)
B. I am getting on well

(1b)

A. How is it?
B. It is alright

A. How are you (plural)?
B. We are fine.

A. How are you getting on/along?
B. We are getting on/along well.

(1c)

A. Good morning (afternoon/evening). (lit: what is the news of the morning/afternoon/evening).
B. Good morning.

Kiswahili for Beginners

A. How are you?
B. I am fine.

A. How are you getting on/along with work (/Kiswahili/Lessons)?
B. I am getting on/along well with work.

(1d)

A. How is Juma? (lit: What is the news of/about Juma?)
B. Jum is fine.

A. Is he alright?
B. He is alright.

A. How is he getting on/along (with Kiswahili)?
B. He is getting on/along well (with Kiswahili).

(2a)

A. How is it?
B. It is alright

A. How are you?
B. I am fine.

A. How are you getting on/along?
B. I am getting on/along well.

A. What is your name?/(What are you called?)
B. My name is John
   (Iam called John)
   And you, what is your name?

A. My name is Petro. Mr. John who are you (here at the University)?
B. I am a student. And who are you?

A. I am a teacher. What is your nationality (Mr. John)?
B. I am an American (U.S. citizen). And what is your nationality?

A. I am a Tanzanian

(2b)

A. Mr. John, are you a Chinese?
B. No, I am not a Chinese. I am an American.

A. Are you a teacher?
B. No, I am not a teacher. I am a student.

(3a)

A. Hodi (a call for attention).
B. Welcome.

A. Thank you (very much). How is it?
B. It is fine.

A. How are you?
B. I am fine. Welcome (and have a seat).

A. Thank you very much
B. _____
   _____
   _____

A. I am leaving please. Goodbye.
B. Goodbye.

Kiswahili for Beginners

(4a)

A. Juma, did you eat?
B. Yes, I ate.

A. What did you eat?
B. I ate hard porridge and meat.

A. When did you eat?
B. I ate yesterday evening.

A. Who did you eat with?
B. We ate with Musa.

A. What will you eat tomorrow?
B. We shall eat rice and beans tomorrow.

(4b)

A. John, where are you going?
B. I am going to town

A. What are you going to do in town?
B. I am just going to (have a) walk

A. At what time will you return?
B. I will return at four o'clock p.m.

A. What will you do after returning?
B. I will cook (food).

A. Can you cook?
B. Yes, I can cook.

A. What foodstuff do you have at home?
B. I have flour, rice, vegetables and meat.

(4c)

A. Mariamu, did you go to town yesterday?
B. No, I didn't go (to town yesterday)

A. Why didn't you go to town yesterday?
B. I didn't go (to town yesterday) because I didn't have money.

A. Do you have money today?
B. No, I don't hae money today.

A. When will you get money?
B. I don't expect to get money in the near future.

A. Will you look for job?
B. No, I won't look for job.

A. Why aren't you looking for job?
B. Iam not looking for job because I am still studying (lit: reading).

(5a)

A. Mr. Maganga, will you go to market tomorrow?
B. Yes, I will go to market tomorrow

A. What will you go to do at the market?
B. I will go to buy oil, coconut, onions and tomatoes for mother.

A. Can you buy (for) me pineaples over there (at the market)?
B. Yes, I can, but I will not have enough money.

A. I will give you two-hundred and fifty shillings. Will you bring (to) me the pineapples home?
B. No, I won't be able to bring (them) to you because I will be having another work.

A. So I will send Omari to come to take them.
B. Fine, He will find me at home.

(6a)
A. Juma, welcome to my home.
B. Where do you live?

A. I live in Dar es Salaam, at Lumumba Street, house number four-hundred and ten.
B. Is your house big or small?

A. I have a very big house. My house has three bedrooms, a kitchen, a latrine, a bathroom and a verandah. Each room has one door and one window. Also my house has cement floor, a ceiling board and a corrugated iron roof.
B. Which vessels/households have you got at home?

A. I have three cupboards, four beds, two tables, ten chairs, one water-pot, knives, saucepans, mats, mattresses, etc.
B. I have a small house. It has two rooms only, a thatched roof and mats spread on the floor. My house is built near the river.

A. So, Juma when will you come home?
B. Let us go right now.

(7a)
A. Musa, where are you going now?
B. I am going to school.

A. Show me your school.
B. That is our school.

A. What is at school today?
B. There are games at school.

A. Musa, who is this?
B. This is my friend Hamisi. Both of us study in standard/grade five.

A. Whose luggages are these?
B. This one (luggage) here is mine, and that one there belongs to this friend of mine.

A. Where are you taking them?
B. We are taking them to school.

A. Do you know that teacher who is called Jackson?
B. Yes, we know him. He is our teacher. He is the one we are taking these books to.

A. That teacher is my best friend. He comes from (there at) Musoma, I beg/request you to give him my greetings if/when you arrive.
B. Okay, we shall remember to give him your greetings.

(8a)

A. Juma, where is your book?
B. My book is on the table

A. And where is your pen?
B. My pen is under the chair.

A. Juma, where are your parents and relatives now?
B. Father and mother are there outside that vehicle. My brother is in front of the vehicle. Sister is behind the vehicle. But uncle and aunt are inside the vehicle.

A. Juma, who is standing on your left side?
B. The one (who is) standing on my left side is Musa. And to my right is Asha.

A. Where is your young brother Hamisi sitting
B. My young brother Hamisi is sitting between John and Peter there at the centre of this hall. And Maria is beside Hamisi.

A. Juma, on which side of Kenya is Tanzania?
B. Tanzania is to the south of Kenya.

(8b)
A. Turn right.
B. Should I turn right?

A. Yes, turn right.
B. Should I turn left?

A. No, don't turn left. Turn right and go straight ahead.

A. Turn back
B. I am turning back

A. Turn your book
B. I am turning my book.

A. Face south
B. Should I face north?

A. No, don't face north. Face south.

APPENDIX II

KISWAHILI-ENGLISH VOCABULARY

Abbreviations

n = noun,   v = verb,   adj. = adjective,
adv. = adverb   conj.= conjuction,   inter. = interrogative element

A

acha (v)	to leave something
adabu(n)	manners
adui(n)	enemy
afya(n)	health
aga(v)	to bid farewell
agua(v)	to heal
aina(n)	type; kind
-ake(adj)	her(s)his,its
akili(n)	common sense
-ako(adj)	yours
alama(n)	mark,sign
alfajiri(adv)	before dawn
ambia(v)	to tell
amini(v)	to believe, to trust
amka(v)	to wake up
amkia(v)	to greet

Kiswahili for Beginners

amsha(v)	to awaken
amua (v)	to decide
andaa(v)	to arrange
andika(v)	to write
angalia(v)	to take care of
anguka(v)	to fall
angusha(v)	to cause to fall
anza (v)	to start, begin
-ao(adj)	their
apa(v)	to swear
ardhi(n)	land, earth
arobaini(n)	forty
asali(n)	honey
asante(n)	thank you
askari(n)	soldier
askofu(n)	bishop
asubuhi(n)	morning
athiri(v)	to influence
au (conj)	or

B

baa(n)	(i) bar
	(ii) mishap
baada ya (adv)	after
baadaye(adv)	later
baadhi (adv)	some
baba(n)	father
badala ya (adv)	instead of
bado(adv)	bathroom
bafu (n)	still, yet
bagua(v)	to discriminate

bahari (n)	ocean, sea
baina (v)	between
bainisha (v)	to dinstinguish
baki (v)	to remain
bakiza (v)	to spare
bakuli (n)	bowl
bali (adv)	but
bapa (adj)	flat
bara (n)	continent
baridi (n)	cold
bariki (v)	to bless
barua (n)	letter
basi (n)	bus
basi (adv)	so
bata (n)	duck
baya (adj)	bad
bega (n)	shoulder
bei (n)	price
bendera (n)	flag
biashara (n)	commerce, trade
bibi (n)	grandmother, Mrs.
bichi (adj)	raw, unripe
bidii (n)	effort
bivu (adj)	ripe
boga (n)	pumpkin
bomoa (v)	to break down, to demolish
bora (adj)	excellent
bovu (adj)	infected, impaired
buibui (n)	spider
bure (adv)	in vain
bustani (n)	garden
butu (adj)	blunt
bwana (n)	Mr.

C

cha (v)	to dawn
chache (adj)	few
chafu (adj)	dirty
chafua (v)	to litter
chagua (v)	to choose
chai (n)	tea
chakula (n)	food
changanya (v)	to mix
chama (n)	party, association
chapa (v)	(i) to whip
	(ii) to print
chapisha (v)	to publish
chatu (n)	python
cheka (v)	to laugh
chekesha (v)	to make one laugh
chelewa (v)	t o delay
chemka (v)	to boil
chemsha (v)	to boil something
cheti (n)	certificate, note
cheza (v)	to play
chini ya (adv)	below, under
chinja (v)	to slaughter
chombo (n)	vessel
choo (n)	latrine
chui (n)	leopard
chuki (n)	ill-feeling
chukia (v)	to hate
chukua (v)	to take
chuma (v)	to pick
chuma (n)	iron
chuma cha pua (n)	steel

chumba (n)	room
chumvi (n)	salt
chungu (n)	bitter
chungu (adj)	pot
chungwa (n)	orange
chupa (n)	bottle
chura (n)	frog
chwa (v)	to set (of sun)

D

dakika (n)	minute
damu (n)	blood
darasa (n)	class
dawa (n)	medicine, drug
dhahabu (n)	gold
dhana (n)	concept
dharau (v)	to despise
dhuru (v)	to harm
dirisha (n)	window
doa (n)	spot, dot
dogo (adj)	small, little
duka (n)	shop
dumu (v)	to last
dunia (n)	world

E

ekundu (adj)	red
elea (v)	to float
elekea (v)	to direct, instruct
elekeza (v)	to explain

elfu (n)	one thousand
elewa (v)	to understand
elimu (n)	education
elimisha (v)	to educate
ema (adj)	fine, kind
embamba (adj)	narow, thin
embe (n)	mango
endelea (n)	to progress
endesha (v)	to drive
enea (n)	to be spread
eneo (v)	area
eneza (v)	to spread over
-enu (adj)	yours
enye (adj)	having
epesi (adj)	light
erevu (adj)	clever
-etu (adj)	our
eupe (adj)	white
eusi (adj)	black

F

fa (v)	to die
faa (v)	to suit
fagia (v)	to sweep
fahamu (v)	to know, understand
faida (n)	profit
fanya (v)	to do
farasi (n)	horse
fedha (n)	silver, money
ficha (v)	to hide
fika (v)	to reach, arrive
fikiri (v)	to think

finya (v)	to pinch
finyu (adj)	squeezed
fisi (n)	hyena
fua (v)	to wash clothes
fuata (v)	to follow
fuga (v)	to rear (livestock)
fukuza (v)	to chase, dismiss
fulani (adj)	someone, something
fuma (v)	to weave
fumba (v)	to close (eye)
fumua (v)	to undo
fundi (n)	craftsman
fundisha (v)	to teach
funga (v)	to shut, close, tie
fungu (n)	pile, mound
fungua (v)	to open, unfasten
funika (v)	to cover
fupi (adj)	short
fupisha (v)	to shorten
furaha (n)	joy,
furahi (v)	to rejoice
futa (v)	to wipe

G

ganda (v)	to clot, coagulate
ganda (n)	peel, shell
gani (inter)	what kind
gari (n)	vehicle
gawa (v)	to divide, distribute
gawanya (v)	to divide
gazeti (n)	newspaper
geuka (v)	be changed, altered
geuza (v)	to turn
ghafula (adj)	suddenly

ghali (adj)	expensive
giza (n)	darkness
godoro (n)	mattress
gomba (v)	scold, refute
gombana (v)	to quarell
gonga (v)	to knock, hit
goti (v)	knee
gumu (adj)	hard, difficult
guna (v)	to murmur, mutter
gunia (n)	sack
gusa (v)	to touch

H

haba (adj)	scarce
habari (n)	news
hadi (adv)	till
hadithi (n)	story
haki (n)	right
hakika (adv)	certainty
halafu (adv)	then
hali (n)	state, condition
halisi (adj)	genuine, real
hama (v)	to move from, migrate
hamsini (n)	fifty
hapa (n)	here
hapana (adv)	no
haraka (adj)	fast, haste
haribu (v)	to destroy, damage
hasara (n)	loss
hatua (n)	step
heri (n)	good wish
hesabu (v)	to count
hesabu (n)	arithmetic

heshima (n)	to respect
hewa (n)	air, weather
hifadhi (v)	to conserve
hifadhi (n)	conservation,
hodari (adj)	brave
hodi (n)	call for attention
humu	inside here
huru (adj)	free
huzuni (n)	grief

I

iba (v)	to steal
idhini (v)	approval
idhinisha (v)	to approve
ijumaa	Friday
ikweta (n)	Equator
ili (conj)	so that
imani (n)	faith
imara (n)	firm
imarisha (v)	to strengthen
imba (v)	to sing
inama (v)	to bend
ingawa (adv)	althogh
ingi	many, much
ingia (v)	to enter
ingine (v)	other
inua (v)	to raise
inzi (n)	fly
ishi (v)	to live
ishirini (n)	twenty
ita (v)	to call
iva (v)	to ripen, cook through
iwapo (adv)	in case

Kiswahili for Beginners

J

ja (v)	to come
jaa (v)	to be full
jamaa (n)	relative
jambo (n)	matter
jamii (n)	society
jana (n)	yesterday
jani (n)	leaf
janja (adj)	cunning
jaribu (v)	to try
jasho (n)	sweat
jaza (v)	to fill
je (inter)	how
jembe (n)	hoe
jenga (v)	to build
jibu (n)	answer
jibu (v)	to answer
jicho (n)	eye
jifunza (vi)	to learn
jiko (n)	(i) kitchen (ii) stove
jina (n)	name
jinga (adj)	foolish
jino (n)	tooth
jinsi (n)	manner, kind
jioni (n)	evening
jirani (n)	neighbour
jivu (n)	ash
jiwe (n)	stone
jogoo (n)	cock
joka (n)	serpent
joto (n)	heat
joto (adj)	hot
jua (v)	to know

jua (n)	sun
juma (n)	week
jumba (n)	building block
jumla (n)	total
jumuisha (v)	to include, incorporatte
juu (n)	up
juu ya (adv)	above, about
juzi (adv)	the day before yesterday

K

kaa (v)	to sit
kabati (n)	cupboard
kabisa (adv)	definitely, absolutely
kabla (adv)	before
kahawa (n)	coffee
kalamu	pen
kale (adj)	ancient
kali (adj)	fierce, sharp, sour
kama (adv)	like, if
kamata (v)	to hold, seize
kamili (adj)	complete
kana (v)	to deny
kanya (v)	to rebuke
kanisa (n)	church
kanusha (v)	to negate
karatasi (n)	paper
karibu (n)	welcome
karibu (adj)	near
karibisha (v)	to invite
karne (n)	century
kasa (n)	turtle
kaskazini (n)	north

kasoro (n)	impairment, less by
kata (v)	to cut
kataa (v)	to refuse
kataza (v)	to prohibit
kati (adv)	between
katika (adv)	in/on/at
katikati (adv)	middle
kauka (v)	to get dry
kausha (v)	to dry
kavu (adj)	dry
kazi (n)	work
kelele (n)	noise
kesho (n)	tomorrow
kesho kutwa (adv)	day after tomorrow
kiatu (n)	shoe
kiazi (n)	potato
kiazi kitamu (n)	sweet potato
kiazi mviringo (n)	irish potato
kibali (n)	permit
kibanda (n)	hut
kiberiti (n)	match
kiboko (n)	(i) hippopotamus
	(ii) whip
kichwa (n)	head
kidole (n)	finger
kidonda (n)	sore
kifaa (n)	equipment
kifaru (n)	(i) rhinceros
	(ii) battle tank
kifua (n)	chest
kifuniko (n)	lid
kifutu (n)	puff adder
kiganja (n)	palm of hand
kijana (n)	youth

kijiji (n)	village
kijiko (n)	spoon
kikapu (n)	basket
kikombe (n)	cup
kila (adv)	every, each
kilimo (n)	cultivation, agriculture
kilo (n)	kilogram
kimbia (v)	to run
kinu (n)	wooden mortar
kioo (n)	glass
kipengee (n)	element, aspect
kisha (adv)	then
kisiwa (n)	island
kisu (n)	knife
kitana (n)	comb
kitanda (n)	bed
kiti (n)	chair
kitu (n)	thing
kitunguu (n)	onion
kituo (n)	centre, stop
kiuno (n)	waist
kiwanda (n)	factory
kizazi (n)	generation
kizibo (n)	cork
kobe (n)	tortoise
koo (n)	(i) throat
	(ii) lineages
kopa (v)	to borrow
kope (n)	eye lash
kopesha (v)	to lend
kosa (v)	to miss,
kua (v)	to grow
kubali (v)	to agree
kubwa (adj)	big, large

kuja (v)	to come
kuku (n)	chicken
kula (v)	to eat
kuliko (adv)	than
kumi (n)	ten
kumbuka (v)	to remember
kumbusha (v)	to remind
kundi (n)	group
kunja (v)	to fold
kunjua (v)	to unfold
kusanya (v)	to collect, gather
kuta (v)	to find
kutana (v)	to meet
kuu (adj)	great
kuwa (v)	to be
kuwa (adv)	that
kwamba (adv)	that
kweli (ad)	true
kwenda	to go

L

la (v)	to eat
labda (adv)	perhaps, may be
lakini (conj)	but
lala (v)	to sleep
lazima (adv)	must
lea (v)	to nurture
leo (n)	today
leta (v)	to bring
letea (v)	to bring for/to
lewa (v)	to get drunk
licha (adv)	not only
lima (v)	to cultivate, dig

limau (n)	lemon
linda (v)	to protect
lini (inter)	when
lugha (n)	language

M

maana (n)	meaning
maarufu (adj)	popular
madini (n)	minerals
maendeleo (n)	development, progress
mafuta (n)	oil
magharibi (n)	west
maghimbi (n)	yams
mahali (n)	place
maharage (n)	beans
maisha (n)	life
maji (n)	water
mali (n)	property
mama (n)	mother
mamba (n)	crocodile
mamlaka (n)	authority
mapatano (n)	agreement
mapema (n)	early
mara (adv)	a time, times
mara kwa mara (adv)	from time to time
mara nyingi (adv)	often
mashariki (n)	east
mashine (n)	machine
mashua (n)	boat
maskini (n)	poor
mate (n)	saliva
matusi (n)	insults
mavuno (n)	harvest

Kiswahili for Beginners

mazao (n)	crops, produce
maziwa (n)	milk
mbalamwezi (n)	moon
mbali (adj)	far
mbalimbali (adj)	various
mbegu (n)	seed
mbele (n)	front
mbele ya (adj)	infront of
mbili (n)	two
mboga (n)	vegetable
mbolea (n)	manure, fertilizer
mbona (adv)	why
mbu (n)	mosquito
mbuga (n)	steppe
mbuni (n)	ostrich
mbuzi (n)	(i) goat
	(ii) coconut sheller
mbwa (n)	dog
mchana (n)	afternoon
mchele (n)	husked rice
mchezo (n)	game
mchi (n)	wooden pestle
mchungwa (n)	orange tree
mchwa (n)	termite
mdomo (n)	mouth, lip
mdudu (n)	insect
meza (n)	table
meza (v)	to swallow
mfalme (n)	king
mf'1asi (n)	follower
mfuko (n)	bag, pocket
mfumo (n)	system
mfupa (n)	bone
mganga (n)	doctor

mgeni (n)	visitor
mgomba (n)	banana plant
mgonjwa (n)	sick person
mguu (n)	leg
mhogo (n)	cassava
mia (n)	one-hundred
milioni (n)	one million
mimi (n)	I, me
miongoni (adv)	among
mji (n)	town
mjinga (n)	a fool
mjomba (n)	uncle (mother's brother)
mjukuu (n)	grandchild
mkate (n)	bread
mkeka (n)	mat
mkia (n)	tail
mkoa (n)	region
mkonga (n)	trunk
mkono (n)	hand
mkwe (n)	parent in law
mlango (n)	door
mlima (n)	hill, mountain
mmea (n)	plant
mnazi (n)	coconut tree
mno (adj)	extremely
mnyama (n)	animal
moja (n)	one
mojawapo (adj)	any one of
moshi (n)	smoke
moyo (n)	heart
mpaka (adj)	border, boundary
mpishi (n)	cook
msamiati (n)	vocaburary

Kiswahili for Beginners

mshipa (n)	muscle, vein
msikiti (n)	mosque
msingi (n)	foundation, primary
msitu (n)	forest
mstari (n)	line
mswaki (n)	toothbrush
mti (n)	tree
mto(n)	(i) river
	(ii) pillow, cushion
mtoto (n)	child
mtu (n)	person
mtungi	water pot
muda (n)	time
muhimu (adj)	important, relevant
mungu (n)	god
mvi (n)	grey hair
mvua (n)	rain
mwaka (n)	year
mwalimu (n)	teacher
mwana (n)	child, son
mwanafunzi (n)	student
mwanaume (n)	man
mwanamke (n)	woman
mwembe (n)	mango tree
mwendo(n)	speed
mwezi (n)	month
mwiko (n)	large wooden spoon
mwili	body
mwisho(n)	end
mz͎zi (n)	parent
mzigo (n)	load, luggage
mzizi (n)	root

N

na (conj)	and, with
nanasi (n)	pineaple
nane (n)	eight
nani (inter)	who
nauli (n)	fare
nazi (n)	coconut fruit
ndama (n)	calf
ndani (n)	in
ndani ya (adv)	inside
ndimu (n)	lime
ndiyo (adv)	yes
ndoa (n)	marriage
ndoo	bucket
nene (adj)	thick, fat
ngamia (n)	camel
ng'amua (v)	to realize
ngapi (inter)	how many/much
ng'oa (v)	to pluck
ngoma (n)	drum, dance you (plural)
ng'ombe (n)	cattle
nguo (n)	cloth
nguruwe (n)	pig
nguvu (n)	power, strength
nini (inter)	what
ninyi (n)	you (plural)
njia (n)	way
nne (n)	four
noa (v)	to sharpen
nunua (v)	to buy
nunulia (v)	to buy for
nusu (n)	half
nyama (n)	meat

nyanda (n)	plateau
nyani (n)	baboon
nyanya (n)	(i) grandmother
	(ii) tomato
nyati (n)	buffalo
nyima (v)	to deprive
nyoka (n)	snake
nyuma (n)	back
nyuma ya (adv)	behind
nyumba (n)	house
nyumbu (n)	wildbeest

O

oa (v)	to marry (of man)
ofisi (n)	office
oga (v)	to bath
ogelea (v)	to swim
ogopa (v)	to be afraid of
okoa (v)	to save
olewa (v)	to be married (of women)
omba (v)	to pray, request
ombi (n)	prayer, request
ona (v)	to see
ondoa (v)	to remove
ondoka (v)	to leave
onekana (v)	to be visible
ongea (v)	to chat
ongeza (v)	to add
ongezeka (v)	to increase
ongezeko (n)	an increase
onya (v)	to warn
onyesha (v)	to show
onyo (n)	warning

orodha (n)	list
orodhesha (v)	to list
osha (v)	(i) to wash
ota (v)	(i) to dream (ii) to sprout (iii) to bask in sun
ovyo (adv)	carelessly
oza (v)	to rot

P

pa (v)	to give
paja (n)	thigh
paka (n)	cat
paka (v)	to smear, paint
pale (n)	there
pambazuka (v)	to dawn
pamoja (adv)	together
pana (adj)	wide
panda (v)	(i) to climb (ii) to plant
panga (v)	matchet
panga (n)	to plan
pango (n)	cave
panua (v)	to wide
panya (n)	rat, mouse
papai (n)	pawpaw
pasa (v)	to be necessary, imperative
pasua (v)	to tear
pata (v)	to get
peleka (v)	to take to
penda (v)	to like, love
pendelea (v)	to favour
pengine (adv)	sometimes
pesa (n)	money

-pi (inter)	which
pia (adv)	also
piga (v)	to beat, hit
pika (v)	to cook
pili (adv)	secondly
pita (v)	to pass
poa (v)	to become cool
pona (v)	to recover
pokea (v)	to receive
pole	sorry, my sympathy
pole (adj)	gentle
polepole (adj)	slowly, quietly
ponda (v)	to crush
poza (v)	to cool
potea (v)	to be lost
pua (n)	nose
punda (n)	donkey, ass
pungua (v)	to get less
pwani (n)	coast
pya (adj)	new

R

rafiki (n)	friend
rahisi (adj)	easy
rahisisha (v)	to make easy
raia (n)	citizen
rangi (n)	colour
refu (adj)	tall, long
rithi (v)	to inherit
rithisha (v)	to pass a heritage
robo (n)	quarter
roho (n)	spirit
rudi (v)	to return

rudisha (v)	to cause to return
ruhusa (n)	permission
ruhusu (v)	to permit, allow
ruka (v)	(i) to jump
	(ii) to fly

S

saa (n)	hour, clock
saba (n)	seven
sababu (n)	reason
sabini (n)	seventy
sabuni (n)	soap
safari (n)	journey
safi (v)	clean
safiri (v)	to travel
safisha (v)	to clean
saga (v))	to grind, mill
sahani (n)	plate
sahihi (n)	signature
sahihisha (v)	to correct
saidia (v)	to help, assist
sakafu (n)	floor
salama (adj)	safe
salamu (n)	greeting
sali (v)	to pray
salimu (v)	to greet
samahani (n)	pardon me
samaki (n)	fish
samehe (v)	to forgive, pardon
sana (adv)	very
sanaa (n)	art
sanduku (n)	box
sarufi (n)	grammar

Kiswahili for Beginners

sasa (adv)	now
sawa (adv)	alright, o.k.
sawasawa (adv)	just right
sawazisha (v)	to level, equalize
sebule (n)	verandah
sehemu (n)	part, portion, section
sema (v)	to say, speak
senti (n)	cent
serikali (n)	government
shamba (n)	field, farm
shati (n)	shirt
shauri (v)	to advise
shida (n)	trouble
shika (v)	to catch
shikamoo (n)	greeting
shilingi (n)	shilling
shimo (n)	pit
shinda (v)	to win, succeed
shindwa (v)	to fail
shingo (n)	neck
shirika (n)	corporation, organisation
shiriki (n)	to participate
shirikiana (v)	to co-operate
shoka (n)	axe
shona (v)	to sew
shuka (n)	to descend
shuka (v)	bed sheet
shukuru (v)	to thank
shusha (v)	to lower
shule (n)	school
si (v)	not
siafu (n)	red (soldier) ant
siagi (n)	butter
siasa (n)	politics

sifa (n)	praise
sifu (v)	to praise
sigara (n)	cigarette
siku (n)	day
sikia (v)	to hear
sikiliza (v)	to listen
sikio (n)	ear
simama (v)	to stand, stop
simba (n)	lion
sindano (n)	needle
sinia (n)	metal tray
silaha (n)	weapon
sisi (n)	we, us
sita (n)	six
sitawi (v)	to flourish
sitini (n)	sixty
soda (n)	soft drink, soda
sogea (v)	to move
soko (n)	market
sokwe (n)	chimpanzee
sokwemtu (n)	gorilla
soma (v)	to read
somo (n)	lesson
songa (v)	to press
sote (adv)	all of us
suala (n)	issue
suka (v)	to weave, plait
sukari (n)	sugar
sungura (n)	hare, rabbit
suruali (n)	long trousers
swala (n)	antelope
swali (n)	question
swira (n)	cobra

Kiswahili for Beginners

T

taa (n)	lamp
tafadhali (adv)	please
tafsiri (v)	to translate
tafuna (v)	to chew
tafuta (v)	to look for, search
taga (v)	to lay eggs
tajiri (n), tajiri (adj)	rich
tajirisha (v)	to make rich
taka (v)	to want
takasa (v)	to cleanse
takata (v)	to be clean
takataka (n)	rubbish
tambua (v)	ro recognise
tamu (adj)	sweet
tangaza (v)	to announce, advertize
tangazo (n)	announcement, advertisement
tango (n)	cucumber
tangu (adj)	since
tano (n)	five
tarajia (v)	to expect
tarehe (n)	calender, date
tata (adj)	complex, ambiguous
tatanisha (v)	be perplexing
tatu (n)	three
tatua (v)	to tear, untangle
tayari (adj)	ready
tayarisha (v)	to make ready
tawi (n)	branch
tazama (v)	to look at
tega (v)	to set a trap
tegua (v)	to let off a trap

tele (adj)	abundant
telemka (v)	to go down
telemsha (v)	to lower
tembea (v)	to walk
tembelea (v)	to visit
tembeza (v)	to hawk about
tembo	(i) elephant
	(ii) coconut palm wine
tena (adv)	again
tenda (v)	to do, act
tende (n)	date fruit
tendo (n)	deed
tengeneza (v)	to fix, make
thamani (n)	value
thelathini (n)	thirty
theluthi (n)	one third
themanini (n)	eighty
tia (v)	to put in
tibu (v)	to treat
tiketi (n)	ticket
tikiti (n)	watermelon
timia (v)	to be complete
timiza (v)	to fulfil
tisa (n)	nine
tisha (v)	to frighten
tishia	to threaten
tisini (n)	ninety
toa (v)	to give out
tofauti (adj)	different
tofautisha (v)	differentiate
toka (v)	to go out, come from
toroka (v)	to escape, flee
tosha (v)	to suffice
tu (adv)	only

tua (v)	to land
tuliza (v)	to calm, pacify
tuma (v)	to send
tumaini (n)	hope
tumaini (v)	to hope
tumbili (n)	monkey
tumbo (n)	stomach
tumia (v)	to use
tunda (n)	fruit
tundu (n)	hole
tunga (v)	to compose
tungo (v)	composition
tunza (v)	to take care of
tupa (v)	to throw
tupu (adj)	empty
twiga (n)	giraffe

U

ua (v)	to kill
ua (n)	(i) flower
	(ii) fence
ubao (n)	(i) plank
	(ii) blackboard
ubawa (n)	wing
ubavu (n)	rib
ubuyu (n)	boabab fruit
uchafu (n)	dirt, garbage
ufagio (n)	broom
ufundi (n)	craftsmanship
ufunguo (n)	key
ugali (n)	hard porridge
ugomvi (n)	quarrel
ugonjwa (n)	sickness, disease

ugua (v)	to aid, fall sick
uguza (v)	(i) cause to ail
	(ii) take care of the sick
uhuru (n)	freedom, independence
ukoloni (n)	colonialism
ukucha (n)	finger nail
ukurasa (n)	page
ukuta (n)	wall
ukwaju (n)	type of fruit
ukweli (n)	truth
Ulaya (n)	Europe
ulezi (n)	(i) finger millet
	(ii) training
ulimi (n)	tongue
ulimwengu (n)	universe
uliza (v)	to ask
uma (n)	(i) bite
	(ii) to hurt
umia (v)	to be hurt
umiza (v)	to harm
umeme (n)	lightening, electricity
umri (n)	age
unga (n)	flour
unga (v)	to join, connect
ungana (v)	to unite
unganisha (v)	to link
ungua (v)	to burn
unguza (v)	to set alight
unyasi (n)	grass
unyayo (n)	sole
unyevu (n)	moisture, wetness
unywele (n)	hair
uongo (n)	lie
upande (n)	side

upepo (n)	wind
upesi (adj)	quickly
upya (n)	newness
urithi (n)	inheritance
usawa (n)	equality, level
ushanga (n)	bead
usiku (n)	night
usingizi (n)	sleep
usitawi (n	prosperity
uso (n)	face
utajiri (n)	wealth
utamaduni (n)	culture
utamu (n)	sweetness
utaratibu (n)	procedure
utii (n)	obedience
utitiri (n)	chicken flea
uvamizi (n)	invasion
uvivu (n)	laziness
uza (v)	to sell
uzazi (n)	childbirth
uzi (n)	thread
uzito (n)	weight
uzuri (n)	beauty

V

vaa (v)	to wear, to dress
valisha (v)	to dress someone else
vamia (v)	to invade
vema (adj)	well
vilevile (adv)	similarly
vita (n)	war
vivu (adj)	lazy

vua (v)	to undress
vuka (v)	to cross
vuna (v)	to harvest, reap
vunja (v)	to break
vunjika (v)	to broken
vusha (v)	to ferry

W

wahi (v)	to be prompt
waka (v)	to burn
wala (adv)	nor
wali (n)	cooked rice
wao (n)	they
wapi (inter)	where
washa (v)	to light
wavu (n)	net
waza (v)	to think, imagine
wazo (n)	thought, imagination
wewe (n)	you (singular)
weka (v)	to put
wembe (n)	razor
weza (v)	to be able, can
wezesha (v)	to enable
wika (v)	to crow
wiki (n)	week
wima (adj)	upright
wimbo (n)	song
winda (v)	to hunt
wingi (n)	plural, abundance
wino (n)	ink
wivu (n)	jealousy

Y

yai (n)	egg
yaya (n)	nanny
yeye (n)	he/she

Z

zaa (v)	to deliver, give birth
zabibu (n)	grape
zaidi (adv)	more
zama (v)	to sink
zamani (n)	aforetime
zao (n)	crop, produce
zidi (v)	to exceed
zidisha (v)	to multiply
zima (v)	to extinguish, switch off
zima (adj)	whole
zito (adj)	heavy
ziwa (n)	lake
zoea (v)	to get used to
zoeza (v)	to acquaint
zoezi (n)	exercise
zuia (v)	to prevent
zunguka (v)	to go round
zungumza (v)	to converse
zuri (adj)	good, nice

www.ingramcontent.com/pod-product-compliance
Lightning Source LLC
Chambersburg PA
CBHW031713230426
43668CB00006B/201